DE L'ACCESSION

EN DROIT ROMAIN.

DU RETOUR LÉGAL

EN DROIT FRANÇAIS.

DISSERTATIONS

PRÉSENTÉES

À LA FACULTÉ DE DROIT DE POITIERS

Pour obtenir le grade de Docteur,

ET SOUTENUES

Le samedi 5 juillet 1856, à 2 heures 1/2 du soir,

DANS LA SALLE DES ACTES PUBLICS DE LA FACULTÉ,

Par Alfred Carré,

AVOCAT,

Né à Yzeures (Indre-et-Loire).

Da veniam scriptis quorum non gloria nobis
Sed necessitas officiumque fuit.
OVIDE.

POITIERS,

IMPRIMERIE DE N. BERNARD, RUE DE LA MAIRIE,
PRÈS L'HOTEL DE VILLE.

1856.

COMMISSION :

Président,	M. PERVINQUIÈRE (A.) ✻.	
Suffragants	M. FEY ✻.	Professeurs.
	M. RAGON,	
	M. LEPETIT,	Prof. suppl.
	M. MINIER,	

Vu par le Président de l'acte public, A. PERVINQUIÈRE ✻.

Vu par le Doyen, FOUCART ✻.

Vu par le Recteur, DE LA SAUSSAYE ✻.

« Les *visas* exigés par les règlements sont une garantie des principes » et des opinions relatives à la religion, à l'ordre public et aux bonnes » mœurs (*Statut du 9 avril 1825, art. 41*), mais non des opinions » purement juridiques, dont la responsabilité est laissée aux can- » didats.

» Le candidat répondra en outre aux questions qui lui seront » faites sur les autres matières de l'enseignement. »

A MON FRÈRE.

DROIT ROMAIN.

DE L'ACCESSION.

Il arrive fréquemment qu'il existe entre deux choses un rapport si intime que l'une d'elles ne soit considérée que comme une dépendance de l'autre, qui l'absorbe dans son individualité, et lui impose, pour ainsi dire, sa propre destinée. Alors le droit, qui aura la chose principale pour objet, s'étendra à la chose accessoire. C'est ce que les jurisconsultes romains traduisaient par cette brève sentence, *accessio cedat principali*, que la chose accessoire suive le sort de la chose principale. Ainsi a-t-on légué un vase d'or ou d'argent, le legs comprend les pierres précieuses, qui, incrustées dans ce vase, en forment l'ornement : « Accessio cedat principali; cedent igitur gemmæ phialis vel lancibus, inclusæ auro argentove. » (Ulpien, l. 19, § 3, D. *de auro argento*...) Il en serait de même des accessoires d'une chose vendue, ou louée, ou mise en société...., ils seraient compris dans l'obligation, comme la chose elle-même. Et ce que je dis là des droits personnels s'applique également aux droits réels, par exemple, au droit de propriété : le droit de propriété que l'on aura sur un terrain, s'étendra aux constructions, aux plantations : « Omne quod ædificatur solo cedit; — plantæ quæ terra coalescunt solo cedunt. » (D. l. 7, § 10, et l. 9, pr. *De acquirendo rer. dom.*) — Une bande de pourpre est-elle jointe à une toge, cette pourpre, fût-elle plus précieuse que la toge, suivra cependant le vêtement comme accessoire, « accessionis vice cedit vestimento. » (Inst., l. 2, t. 1, § 26.) — Il résultera de cette prédominance, *prævalentia*, de la chose principale sur la chose accessoire, que, lorsque le propriétaire de la chose principale la revendiquera, il obtiendra implicitement la chose accessoire, tandis que le propriétaire de la chose accessoire (nous supposons que les deux choses appartiennent à des maîtres différents), ne pourra plus revendiquer sa chose, parce qu'elle n'a plus une existence distincte, et qu'il ne peut plus dire : « Hanc ego rem meam esse aio » : juridiquement parlant, cette chose n'existe plus, et *exstinctæ res vindicari non possunt.*

Mais de ce que le propriétaire de la chose principale peut exercer une revendication, qui comprenne les deux choses, tandis que le propriétaire de la chose accessoire sera privé de son droit de revendiquer, devra-t-on conclure que la propriété de la chose accessoire ait été transférée de l'un à l'autre ; en d'autres termes, faudra-t-il dire que le fait de la réunion de deux choses, appartenant à différents maîtres, effectuée dans des conditions telles que l'une perde son individualité, tandis que l'autre la conserve, produise une translation de propriété? C'est la célèbre question de savoir si l'accession est, en droit romain, un mode d'acquérir la propriété ; le fait que je viens de décrire est, en effet, ce que l'on appelle, à proprement parler, l'*accession*. Pendant longtemps, l'affirmative fut admise sans conteste : « Accessio, dit Pothier, est modus acquirendi dominii, jure gentium, vi ac potestate rei nostræ. » (Il faut remarquer que, dans cette définition, le mot *accessio*, pris pour représenter l'acte que nous appelons, dans la langue juridique moderne, *accession*, est détourné du sens qu'il a chez les jurisconsultes romains, car, eux, ils l'appliquaient à l'*accessoire*, à la chose subordonnée, et non à l'acte qui crée la subordination. Cet acte n'avait pas de nom dans leur langue, ou, du moins, de nom générique répondant à notre mot *accession* ; il y avait seulement des noms particuliers pour les différentes espèces). Mais on revient sur cette opinion, ou, du moins, on discute vivement aujourd'hui, ce qui était reçu autrefois comme une sorte d'article de foi, et c'est avec raison. En effet, il est à observer que, dans les énumérations que les jurisconsultes romains ont données des différents modes d'acquérir la propriété, on ne voit nullement figurer l'accession : on ne parle jamais que de la mancipation, de la tradition, de l'usucapion, de la cession *in jure*, de l'adjudication et de la loi. On peut voir, à cet égard, Gaius, c. 2, § 18 et suiv., et Ulpien, tit. XIX de ses Règles. Et ce ne peut être un oubli, car l'oubli n'eût pas été unanime, mais c'est la conséquence rigoureuse des principes. La théorie de l'accession, en droit romain, était en effet plutôt une simple question de procédure qu'autre chose. On ne considérait point le maître de la chose principale comme étant devenu propriétaire de la chose accessoire, ni le maître de la chose accessoire comme ayant perdu son droit ; on avait seulement réputé éteinte la chose qui était assez intimement unie à une autre, pour être absorbée dans son individualité, comme la roue absorbée dans l'individualité du char; on ne voyait plus alors, tant que durait l'union, qu'une seule chose ; et on n'accordait qu'une seule action en revendication. Mais le droit du propriétaire de la chose accessoire subsistait néanmoins, malgré l'obstacle qui s'opposait à son exercice. Aussi quand cet obstacle, l'absorption de l'individualité de la chose, venait à cesser, le droit, qui sommeillait, reprenait son activité, la revendication pouvait être exercée. C'est ce qui est fort clairement expliqué dans le § 29, Inst., l. 2, t. 1 : « Omne quod solo inædificatur, solo cedit, *nec tamen* ideo qui materiæ dominus fuerat *desinit* dominus esse ; sed tantisper neque vindicare eam potest... » On allait même plus loin, on donnait au propriétaire de la chose accessoire une action pour faire cesser l'union des deux choses, et pour arriver indirectement à la revendication, je veux parler de l'action *ad exhibendum* : « Item quæcumque aliis juncta, sive adjecta, accessionis loco cedunt, ea, quamdiu cohærent, dominus vindicare non potest; *sed ad exhibendum agere potest ut separentur, et tunc vindicentur.* » (Paul, l. 23, § 5, D. *de rei vindicatione.*) Cette théorie était bizarre, puisque la chose, que l'on considérait comme éteinte, comme ne pouvant faire l'objet d'une revendication, formait l'objet d'une autre action. Il eût été plus raisonnable d'accorder directement la revendication, que de forcer à un circuit d'actions; mais les pratiques rigoureuses de la revendication s'étaient sans doute refusées à cette procédure plus expéditive. Le résultat, du reste, était le même; on arrivait toujours à revendiquer, et c'est pourquoi j'avais raison de dire que, pour les jurisconsultes romains, la théorie de l'accession était une simple question de procédure. Si, au contraire, ils y avaient vu une translation de propriété de la chose accessoire, peu aurait importé que celle-ci fût ou non séparée un jour, par accident ou autrement, jamais il n'aurait pu être question d'accorder la revendication au propriétaire de la chose accessoire, car la perte de la propriété a des effets perpétuels. Le seul texte, du reste, que l'on ait invoqué pour soutenir que l'accession était un mode d'acquérir la propriété en droit romain, est la loi 23, § 4, D. *de rei vindicatione*, dans laquelle le jurisconsulte Paul, après avoir passé en revue divers cas d'accession, s'exprime ainsi : « In omnibus igitur istis (1), in quibus mea res, per prævalentiam, alienam rem trahit *meamque efficit*, si..... » Dans tous ces cas, dans lesquels ma chose, par prédominance, attire à elle la chose d'autrui, et la *rend mienne*, *meamque efficit*, si..... « Il est

(1) Vulg. Istis casibus, in — Nor. Istis causis, ex.

impossible, dit M. Ortolan, d'exprimer plus énergiquement la prédominance de la chose principale, l'absorption de la chose d'autrui, *et la propriété qui m'en est transférée.* » Cependant ce texte ne me semble pas suffisant pour détruire une théorie appuyée sur d'aussi puissantes raisons que celles que j'ai indiquées. Il peut, du reste, être expliqué facilement sans qu'on y trouve la contradiction, qui semble en résulter au premier abord. En effet Paul dans ce texte n'avait pas en vue de déterminer théoriquement les caractères de l'accession, son but, tel qu'il apparaît par l'ensemble de cette loi 23, est seulement d'en déterminer les effets pratiques. Or, s'il est vrai qu'en théorie la chose accessoire soit restée à son maître, en fait, au point de vue de l'utilité pratique, il y a bien en quelque sorte acquisition au profit du maître de la chose principale; son droit s'étend, en effet, comme par contre coup à l'accessoire. Paul pouvait donc dire, en établissant les résultats pratiques de l'accession, qu'elle pouvait rendre mienne la chose d'autrui, et sans que cela détruisît la vérité théorique, si clairement énoncée au § 29, l. 2, t. 1 des Inst., précité, que le maître de la chose accessoire ne cesse pas d'être propriétaire, *nec tamen desinit dominus esse.*

Au surplus, il pouvait arriver que l'union des deux choses fût telle qu'il y eût impossibilité de les séparer, il y avait alors, *en fait*, acquisition irrévocable au profit du propriétaire de la chose principale, comme lorsqu'on avait écrit sur le parchemin d'autrui. D'autrefois la séparation, quoique possible, ne pouvait être obtenue par l'action *ad exhibendum*, un motif d'économie politique, par exemple, l'ayant fait défendre, ainsi que nous le verrons dans le cas de constructions faites sur le terrain d'autrui. Nous examinerons, du reste, chacun de ces cas en détail.

Quant à présent, je ne me proposais qu'une chose, établir la théorie générale de l'accession en droit romain; et la voici en résumé : l'accession, en droit romain, ne transfère pas la propriété, elle empêche seulement le propriétaire de la chose accessoire de pouvoir exercer son droit, tant qu'il n'y a pas eu séparation des deux choses. Cette séparation peut être le résultat d'un accident ou la conséquence de l'action *ad exhibendum*; quelquefois cette action est refusée pour cause d'intérêt public, quelquefois aussi la séparation est impossible.

Il est bien entendu, du reste, qu'il ne s'agit, dans tout ce qui précède, que de l'accession proprement dite, c'est-à-dire de la réunion de deux choses, appartenant à deux maîtres différents, et dont l'une conserve son individualité, tandis que l'autre la perd. Quant aux autres faits, qu'on a coutume de comprendre sous la même dénomination d'accession, j'en établirai les divers caractères à mesure qu'ils se présenteront à mon examen.

I.

Des divers cas d'accession proprement dite.

Je vais traiter d'abord les différents cas où la séparation des deux choses est possible. Supposons, par exemple, que quelqu'un ait appliqué la pourpre d'autrui à son vêtement; cette pourpre, quand même elle serait plus précieuse que le vêtement, suit le sort de celui-ci par droit d'accession; car elle n'en est que l'ornement, et on ne peut pas dire alors qu'il y ait deux objets, un vêtement et de la pourpre, mais un seul objet, un vêtement orné de pourpre. De même si à mon char j'ai mis une roue appartenant à autrui, il n'y a qu'une seule chose, un char, qui absorbe dans son individualité la roue que j'y ai attachée. Le propriétaire de la roue, comme le propriétaire de la pourpre de l'autre exemple, ne peut plus revendiquer sa chose, tant que dure la réunion, car cette chose n'a plus d'existence propre, elle est éteinte, *res exstinctæ vindicari non possunt.* Mais la roue peut être détachée du char, la pourpre du vêtement, alors le droit de leur propriétaire, qui était paralysé, reprend sa force; la revendication peut être exercée. Et même pour amener à ce résultat on accorde au propriétaire de la chose accessoire, l'action *ad exhibendum*, action personnelle (1), qui peut s'intenter contre quiconque détient la chose dont l'exhibition est demandée. Le juge ordonne alors qu'on exhibe sur-le-champ, ou dans le délai qu'il lui plait d'accorder; et si au jour fixé l'exhibition n'est pas faite, il condamne le défendeur en réparation du préjudice causé au demandeur par le défaut d'exhibition. — Le propriétaire de la chose accessoire peut encore avoir d'autres actions contre le possesseur de sa chose. Supposons en effet que ce possesseur l'ait volée, il sera exposé à l'action *furti* et à la *condictio furtiva* « et qui dominus fuit purpuræ adversus eum qui subripuit habet furti actionem et condictionem. » (Inst., l. 2, t. 1, § 26.) L'action *furti* est une action pénale, qui a pour résultat de lui faire payer à titre de peine le quadruple de la chose volée, si le voleur a été pris en flagrant délit, sinon le double seulement. La *condictio* est une action personnelle donnée contre le voleur pour le forcer à restituer la chose ou à en payer la valeur. (La *condictio* ne se donne pas en général à celui qui est propriétaire; car elle a pour objet de faire transporter au demandeur la propriété; mais on avait admis une exception contre les voleurs.) Ces deux actions, l'action *furti* et la *condictio furtiva*, n'ayant point le même objet, puisque l'une est donnée pour la poursuite de la peine, l'autre pour la poursuite de la chose, peuvent

(1) « Est autem personalis hæc actio » (Ulpien, l. 3, § 3, D. ad exhib.)

être cumulées : « Furti actio pœnam petit legitimam; condictio rem ipsam, ea res facit, ut neque furti actio per condictionem, nec condictio per furti actionem consumatur. » (L. 7, § 1, D. *de condict. furt.*) Mais on ne peut exercer l'action *furti* que contre le voleur lui-même, comme toute action pénale elle s'éteint par sa mort; quant à la *condictio*, on l'a encore contre ses héritiers. On ne pouvait, du reste, en aucun cas, cumuler la revendication avec la *condictio*, car elles auraient fait double emploi, ayant l'une et l'autre pour objet la *persécution* de la chose.

Supposons qu'un bras ait été joint à une statue, l'individualité de la statue absorbe ce membre qu'on n'y a joint; il y a encore accession. Mais dans ce cas là, la séparation des deux choses sera-t-elle possible? On distingue : si la réunion a été opérée au moyen d'une soudure (plumbatura), c'est-à-dire avec l'intermédiaire d'un métal d'une autre nature que celui de la statue, comme alors on peut reconnaître le point de jonction, la séparation sera possible, et on permettra même au propriétaire de la chose accessoire de l'obtenir au moyen de l'action *ad exhibendum;* en un mot, on appliquera à ce cas tout ce que nous avons dit relativement aux exemples précédents. — Mais si les deux pièces métalliques ont été forgées ensemble, sans l'interposition d'aucun métal étranger, alors les jurisconsultes romains considèrent que l'incorporation est si complète, que, si plus tard le membre uni à la statue venait à en être détaché, il ne retournerait pas à son premier maître; ils ne verraient pas dans l'accident, qui romperait le bras de la statue, la séparation de deux objets assemblés, mais la fracture d'un objet unique. — Inutile dès lors de dire que le propriétaire de la chose accessoire n'aurait pas l'action *ad exhibendum;* mais la loi 23, § 5, D. *de rei vindicatione*, lui accorde une action *in factum* pour se faire indemniser.

On peut citer, parmi les cas où la séparation des choses unies n'est pas possible, celui où l'on a écrit sur le parchemin, ou peint sur la planche d'autrui. L'écriture et le parchemin, la peinture et la planche, forment bien définitivement un seul corps. A qui ce corps appartiendra-t-il? Quelles actions compètent à celui qui est dépouillé? Pour le premier cas, il n'y a pas de difficulté, le parchemin a toujours été considéré comme la chose principale : « Litteræ, licet aureæ sint perinde chartis membranisve cedunt, ac si solo cedere solent, ea quæ inædificantur aut inseruntur; ideoque si in chartis membranisve tuis carmen, vel historiam, vel orationem Titius scripserit, hujus corporis non Titius, sed tu dominus esse videris. » (Inst., l. 2, tit. 1, § 33.) Ce paragraphe ajoute que, si l'on revendique le parchemin contre Titius, celui-ci pourra opposer l'exception de dol pour se faire payer la dépense de l'écriture. Cette proposition est évidemment trop générale, elle ne peut être juste que dans le cas où l'écriture est utile; mais lorsqu'elle n'a point de valeur, le propriétaire du parchemin doit, au contraire, être indemnisé de la détérioration qu'a subie sa chose.

Quant à la peinture faite sur la planche d'autrui devra-t-on donner les mêmes solutions, et la considérer comme l'accessoire de la planche? Paul, dans la loi 23, § 3, D. *de rei vindicat.*, admet l'affirmative et il s'appuie sur ce que la peinture ne saurait subsister sans la planche, et qu'il est nécessaire que ce qui ne peut pas exister sans une chose cède à cette chose comme accessoire, « necesse est, ei rei cedi (1), quod sine illâ esse non potest. » Mais cette opinion est contraire à celle professée par Gaius, c. 2, § 78, et l. 9, § 2, D. *de acquir. rer. dom.* : « Sed non uti

(1) Hal. — *cedere*, au lieu de *cedi*.

litteræ chartis membranisve cedunt, ita solent picturæ tabulis cedere : sed ex diverso placuit tabulas picturæ cedere. » Et Justinien confirme l'opinion de Gaius, dans le paragraphe 34, l. 2, t. 1 des Inst., en disant qu'il serait ridicule, en effet, que l'ouvrage d'Appelles ou de Parrhasius suivît comme accessoire un vil morceau de bois. Et il règle ainsi les actions qui compètent à chacun des propriétaires de la planche et de la peinture : si c'est le propriétaire de la planche qui est en possession du tableau, le peintre peut le revendiquer, mais en payant le prix de la planche, sinon il serait repoussé par l'exception de dol; — si c'est le peintre qui possède, il convient de donner contre lui une action utile au propriétaire de la planche; mais, si celui ci ne paie pas la valeur de la peinture, il sera repoussé par l'exception de dol. — Cette théorie amène à une singulière conséquence qu'il est curieux d'examiner : — dans le cas où le peintre est en possession, le propriétaire de la planche ayant contre lui une action utile, contre laquelle il ne peut se défendre que par l'exception de dol, laquelle ne lui assure que le paiement de la valeur de la peinture, il en résulte que, si le maître de la planche veut bien payer cette peinture, le peintre n'a aucun moyen de conserver son tableau, tandis que, s'il n'était pas en possession, il pourrait l'obtenir par la revendication même contre le propriétaire de la planche, en lui payant le prix de son bois. Il vaudrait donc mieux pour lui n'être pas en possession qu'y être. Pour échapper à ce résultat choquant, les commentateurs ont accordé au peintre le droit de repousser l'action du propriétaire de la planche, en remboursant le prix de cette planche. On a pensé qu'il était permis, dans une théorie où l'on se règle surtout par l'équité, de se laisser aller à suivre avant tout l'esprit de la loi, qui veut évidemment favoriser l'artiste. Quoi qu'il en soit, il faut reconnaître que cette correction ne se trouve dans aucun jurisconsulte romain.

Le texte des Institutes que je viens d'examiner suppose évidemment que la peinture, dont il s'agit, est une œuvre d'art, et non le travail grossier d'un artisan, qui aurait seulement couvert la planche de couleurs. Dans ce dernier cas, il faudrait admettre que la peinture serait l'accessoire, car la raison, qui faisait déroger aux principes, n'existerait plus.

Il est évident aussi que, pour les peintures murales, il faudrait également considérer la peinture comme l'accessoire.

J'arrive maintenant aux cas d'accession, où, quoique la séparation des deux choses soit possible, on refuse cependant l'action *ad exhibendum* au propriétaire de la chose accessoire. — L'édifice construit sur un terrain appartient au propriétaire du sol, quel que soit celui qui l'ait construit, et quel que soit le maître des matériaux. L'édifice en effet a une existence dépendante de celle du sol. Du reste, il n'est pas nécessaire, pour que l'accession ait lieu, que la construction soit faite directement sur le sol; si un voisin exhausse mon mur, l'exhaussement m'appartiendra, parce que cette partie du mur exhaussée, quoique ne tenant au sol que par l'intermédiaire d'un premier mur, a cependant une existence dépendant du sol, comme partie d'un tout qui en dépend. « Si supra tuum parietem vicinus ædificaverit proprium ejus id quod ædificaverit fieri, Labeo et Sabinus aiunt. Sed Proculus tuum proprium; quemadmodum tuum fieret, quod in solo tuo alius ædificasset; quod verius est. » (L. 28, D. *de acquir. rer. dom.*

Mais il n'y a pas accession dans le cas où l'édifice ne serait pas attaché au sol; s'il s'agissait, par exemple, d'un grenier à blé mobile que j'aurais construit dans le champ de mon voisin, celui-ci ne pourrait prétendre sur lui aucun droit de propriété (Scævola., l. 60, D. *de acq. rer. dom.*)

Pour déterminer quels sont les effets de l'accession relativement aux édifices, il faut distinguer si c'est le propriétaire du fonds qui a construit avec les matériaux d'autrui, ou si c'est le propriétaire des matériaux qui a construit sur le terrain d'autrui. Supposons d'abord que c'est le propriétaire du terrain qui a construit avec les matériaux d'autrui : — Celui qui construit sur son terrain avec les matériaux d'autrui, est bien propriétaire de l'édifice, car toute construction suit le sol comme accession « *quia omne quod ædificatur solo cedit*, » mais il ne devient pas propriétaire des matériaux considéré séparement, « *nec tamen ideo is qui materiæ dominus fuerat desinit dominus ejus esse.* » Cette distinction subtile de l'édifice et des matériaux qui le composent, si contraire à l'esprit de notre législation française, peut paraître étrange; mais elle était si conforme à l'esprit de la législation romaine, qu'on se demandait, si celui qui avait prescrit contre le constructeur la propriété de l'édifice, avait aussi prescrit la propriété des matériaux contre celui à qui ils appartenaient. « Illud recte quæritur, an si id ædificium vendiderit is, qui ædificaverit, et ab emptore longo tempore captum postea dirutum sit ædificium, adhuc dominus materiæ vindicationem ejus habeat? Causa dubitationis est, an eo ipso quo universitas ædificii longo tempore capta est, singulæ quoque res, ex quibus constabat, captæ essent; quod non placuit. » (L. 7, § 11, D. *de acq. rer. dom.*, confirmée par les lois 23, § 7, *de rei vindicatione*, 30 pr., *de acquirenda possessione*, 23, § 2, *de usurp. et usuc.*) Il n'a pu prescrire les matériaux, parce qu'il ne les possédait pas comme objets distincts.

D'après les principes, qui ont présidé à l'institution de l'action *ad exhibendum*, il semblerait que le propriétaire des matériaux dût avoir le droit de faire ordonner la destruction de la maison ; mais, malgré la possibilité de rendre à la chose accessoire son individualité première, l'action *ad exhibendum* n'est pas accordée dans ce cas, ou du moins quand on l'accorde ce n'est pas à l'effet d'amener la séparation des matériaux. On n'a pas voulu que dans un simple but d'utilité privée, on pût exposer une ville à être défigurée par des ruines « *ne ruinis urbs deformetur.* » Et, du reste, la destruction de l'édifice aurait pu causer une trop grande perte au constructeur. On a préféré alors donner au propriétaire des matériaux un dédommagement pécuniaire ; en conséquence on a établi à son profit l'action *de tigno juncto* (le mot *tignum* a un sens général dans le langage du droit romain, il s'applique à toute espèce de matériaux, « appellatione autem *tigni* omnes materiæ significantur ex quibus ædificia fiunt, » L. 7, § 10, D. *de acq. rer. dom.*), qui lui fait obtenir le double de la valeur des matériaux. Cette institution remonte à la plus haute antiquité, nous la trouvons écrite dans la loi des Douze Tables, qui l'étendait aux bois employés pour la culture des vignes : « Tignum junctum ædibus vineæque et concapet, ne solvito. » — Mais si on ne peut demander la destruction de l'édifice par l'action *ad exhibendum*, au moins les principes reprennent leur force ; si la destruction a lieu par un accident quelconque, le propriétaire des matériaux peut alors les revendiquer, à moins toutefois qu'il n'ait déjà exercé l'action *de tigno juncto*.

Lorsque j'ai dit que le propriétaire des matériaux ne pouvait pas obtenir la démolition de l'édifice au moyen de l'action *ad exhibendum*, je n'ai pas pour cela exclus la possibilité qu'il exerçât jamais cette action ; il pourra en effet l'exercer lorsque le constructeur aura agi de mauvaise foi. Mais alors ce ne sera pas pour obtenir la démolition, mais pour faire condamner le constructeur, qui se sera mis par son dol dans l'impossibilité de satisfaire à l'exhibition. « Sed et ad exhibendum danda est actio ; nec enim parci oportet ei qui sciens alienam rem ædificio inclusit vinxitve ; non enim sic eum convenimus, quasi possidentem, sed ita, quasi dolo malo fecerit quo minus possideat. » (Ulpien, l. 1, § 2, D. *de tigno juncto.*) Par cette action *ad exhibendum*, le propriétaire des matériaux obtiendra l'estimation qu'il fera par le *jusjurandum in litem.*

Si les matériaux avaient été volés, outre l'action *de tigno juncto* et l'action *ad exhibendum*, on aurait encore la *condictio furtiva* et l'action *furti.* De ces quatre actions, les trois premières sont toutes persécutoires de la chose, aussi ne peuvent-elles être cumulées, il faut opter entre elles; mais la quatrième, étant pénale, peut être exercée cumulativement avec une des autres; et même quand on a exercé l'action *de tigno juncto*, et obtenu ainsi le double de la valeur des matériaux, on n'avait pas perdu pour cela le droit de revendiquer encore ces matériaux, dans le cas où l'édifice serait détruit, parce qu'on considère dans ce cas le double payé par le voleur comme la peine de son crime : « Sed si proponas tigni furtivi nomine ædibus juncti actum : deliberari poterit, an extrinsecùs sit rei vindicatio? et esse non dubito. » (Ulpien, l. 2, *de tigno juncto.*)

Passons maintenant au cas où c'est le propriétaire des matériaux qui a construit sur le terrain d'autrui. Il faut alors distinguer si le constructeur était de bonne ou de mauvaise foi.

1° Le constructeur était possesseur de bonne foi : — Il ne peut sans doute empêcher la revendication du sol, qui comprend implicitement celle de l'édifice; mais comme il ne convient pas que le propriétaire de ce sol s'enrichisse aux dépens du constructeur, celui-ci pourra se faire payer.

au moyen d'une exception de dol, le prix des matériaux et le salaire des ouvriers : « Certe illud constat, si, in possessione constituto ædificatore, soli dominus petat domum suam esse, nec solvat pretium materiæ et mercedes fabrorum, posse eum per exceptionem doli mali repelli : utique si bonæ fidei possessor fuerit, qui ædificavit. » (Inst., l. 2, t. 1, § 30.) Mais cette disposition est trop absolue, elle a besoin d'être corrigée : l'obligation de restituer le prix des matériaux et le salaire des ouvriers pourrait, en effet, être souvent une occasion de perte pour le propriétaire du sol; car la construction ne vaut pas toujours ce qu'elle a coûté; aussi faut-il adopter la restriction apportée par la loi 38, D. *de rei vindicatione*, au droit du constructeur, et dire que le prix des matériaux et le salaire des ouvriers ne sont dus que lorsque leur somme est inférieure à la valeur de l'édifice. Mais lorsqu'au contraire la plus value du terrain est inférieure au montant du prix des matériaux et du salaire des ouvriers, c'est cette plus value seulement que le constructeur pourra obtenir par l'exception de dol. Le jurisconsulte romain va même plus loin encore dans les faveurs qu'il accorde au propriétaire du sol, puisqu'il veut que, dans le cas où ce propriétaire serait pauvre et obligé de se priver de ses lares pour pouvoir rembourser la dépense, il suffise d'admettre le constructeur à enlever les matériaux, autant que faire se pourra, à la condition de ne pas mettre le sol dans un état pire que celui où il se trouverait, si on n'y eût pas bâti. Et il ajoute que, si le propriétaire est prêt à donner autant que le possesseur retirerait des démolitions, il pourra les empêcher, parce qu'il ne faut pas encourager la méchanceté de celui qui aimerait mieux détruire inutilement, que d'enrichir un autre, « *neque malitiis indulgendum.* »

Si on suppose que le constructeur ne soit plus en possession, n'ayant plus le secours de l'exception de dol pour se faire rembourser la plus value, ou le prix des matériaux et de la main-d'œuvre, quel recours aura-t-il pour empêcher que le propriétaire du sol ne s'enrichisse à ses dépens? D'après l'application rigoureuse des principes, il ne doit avoir que le droit de revendiquer les matériaux en cas de destruction de l'édifice. En effet tant que l'édifice subsiste, il n'a point la revendication; d'un autre côté il n'a pas non plus d'action personnelle, car il n'est intervenu aucun contrat entre lui et le constructeur. Il n'y a même pas un quasi-contrat de gestion d'affaires, puisque le constructeur agissait pour lui et non pour un autre, il faisait sa propre affaire et non celle du propriétaire du sol. Aussi il est dit dans la loi 14 D. *de doli et metus exceptione;* « Paulus respondit, cum qui in alieno solo ædificium extruxerit, *non alias*, sumptus consequi posse, quam possideat et ab eo dominus soli rem vindicet : *scilicet opposita doli mali exceptione.* » Ce que confirme la loi 23 D. *de condictione indebiti :* « Si in area tua ædificassem, et tu ædes possideres, condictio locum non habebit, quia nullum negotium inter nos contraheretur... cum ædificium in area sua ab alio positum dominus occupat, nullum negotium contrahit... et ideo constat si quis, cum existimaret se hæredem esse, insulam hæreditariam fulsisset, *nullo alio modo quam per retentionem* impensas servare posse. » — Toutefois cette solution semble si rigoureuse que les commentateurs ont tous cherché à y échapper. Ainsi Pothier, dans ses Pandectes, au titre *de negotiis gestis,* n° 22, tout en reconnaissant que les textes précités sont parfaitement conformes aux principes, accorde cependant par équité une action utile de gestion d'affaires à celui qui fait la chose d'autrui, croyant faire la sienne; et il cite à l'appui un fragment d'Africain accordant cette action utile dans deux espèces de même nature. Mais comme ce ne sont là que des exceptions aux principes, et que leur application par analogie, au cas qui nous occupe, entraînerait la violation de textes positifs, il me semble difficile d'admettre cette théorie. Seulement je ferai remarquer que souvent le constructeur pourra rentrer en possession au moyen des interdits *unde vi* et *uti possidetis*, et se mettre ainsi dans la position de pouvoir opposer l'exception *doli mali*, qu'il aurait perdue.

2° Le constructeur était de mauvaise foi : – D'après les Institutes de Justinien, il perdait ses matériaux, parce qu'il était censé avoir voulu les aliéner : il n'avait pas même le droit de les revendiquer après la destruction de l'édifice. Mais cette solution rigoureuse avait reçu des tempéraments d'équité qui l'avaient singulièrement modifiée, comme on peut le voir par le rapprochement de divers textes du Digeste et du Code. Ainsi Ulpien (loi 37, D. *de rei vindicatione*) permet à celui qui a été de bonne foi lors de son entrée en possession, mais qui était de mauvaise foi au moment de la construction, d'enlever les matériaux sans nuire au propriétaire du terrain. — Gordien (loi 5, C. *de rei vindicatione*) est encore plus favorable, il accorde à celui qui a été de mauvaise foi dès l'origine le droit de se faire indemniser des dépenses nécessaires, et d'enlever même les dépenses utiles, sans lésion de l'état primitif des choses. Bien plus, la loi 2, C., même titre, montre qu'on ne supposait plus l'intention de donner, que cette intention pouvait seulement résulter des faits : « Sed et id quod in solo tuo ædificatum est, quod in eadem causa manet, jure ad te pertinet, si vero fuerit dissolutum, ejus materia ad prestinum dominum redit, sive bonâ fide, sive mala ædificium extructum sit : si non donandi animo ædificia alieno solo imposita sint. »

La loi 39 pr., D. *de rei vindicatione*, prévoit le cas où des entrepreneurs bâtissent avec leurs matériaux sur le fonds d'autrui. « Redemptores qui suis cæmentis ædificant, statim cæmenta faciunt eorum in quorum solo ædificant. » Dans ce cas, ce n'est pas seulement l'accession qui peut faire attribuer l'édifice, les matériaux qui le composent, au propriétaire du sol, il y a encore l'intention même de l'entrepreneur, comme l'exprime fort bien une note mutilée de Stéphane, sch. 113 (p. 24), « Ὡσανεὶ ἔλεγον, οὐ μονον ὁ φυσικὸς κανὼν ποιεῖ..... (probablement δεσπότην) τὸν ἐκδεδωκοτα τὸ ἔργον, ἀλλὰ καὶ αὐτὸς ὁ ἐργολάβος φάκτῳ οἰκείῳ..... ποιήσας ἑκοντὶ τὸν τοῦ ἐδάφους κύριον. »

J'ai déjà eu occasion de dire que les plantes qui poussent leurs racines dans un terrain deviennent l'accessoire de ce terrain « *plantæ quæ terra coalescunt solo cedunt.* » Dans ce cas, l'accession ne s'opère pas dès que les deux choses sont unies, dès que la plante est mise dans la terre, il faut de plus qu'elle y ait poussé des racines, « *ante enim quam radices egerit, ejus permanet cujus fuerat.* » Mais alors l'union de la plante au sol prend un caractère particulier, car, malgré la possibilité d'opérer la séparation et de transporter la plante ailleurs, on refuse à son maître le droit de déplacement; on va même plus loin si la plante est arrachée par accident ou autrement, on ne lui accorde même pas alors le droit de la revendiquer; sans doute parce que la plante, en se nourrissant, se transforme. Par la même raison que pour les plantes enracinées, les graines ensemencées suivent le sol comme accessoire. Quant aux actions en indemnité, qui compètent au propriétaire des plantes ou des semences, on suit les principes que nous avons appliqués au propriétaire des matériaux dans l'espèce précédente, avec cette différence que l'action *de tigno juncto* ne s'étend pas à ce cas; mais on avait accordé au propriétaire de la plante une action *utile* en revendication, ainsi que l'enseigne Ulpien (L. 5, § 3, D. *de rei vindicatione*) : « De arbore quæ in alienum agrum translata coaluit et radices immisit, Varus et Nerva utilem in rem actionem dabant. »

II.

De certains faits qu'on a l'habitude de traiter comme des cas d'accession, mais qui n'en sont pas, à proprement parler.

1° *Alluvion.* — L'alluvion est l'accroissement insensible d'un rivage se formant par le dépôt de molécules de terre qui viennent successivement s'y agglomérer, ou par le retrait de l'eau qui se porte vers l'autre rive. L'alluvion appartient au propriétaire du rivage, suivant le droit des gens, *jure gentium*, comme disent les Institutes, § 20. Mais il n'y a pas là accession ; on ne peut pas dire en effet qu'il existe deux choses dont l'une suive le sort de l'autre, puisque l'accroissement de la rive a été insensible, et que l'on ne peut distinguer la chose accessoire de la chose principale. On acquiert l'alluvion par une sorte d'*occupation*, comme on acquiert les animaux sauvages dont on s'empare à la chasse, les choses que l'on prend à l'ennemi, « *sed et id quod per alluvionem nobis adjicitur eodem jure nostrum fit.* » (Gaius, c. 2, § 70). L'enrichissement que l'alluvion procure au riverain n'est du reste qu'une juste compensation des risques qu'il court. L'alluvion n'a pas lieu pour les lacs et pour les étangs, parce qu'ils ont des limites fixes « *lacus et stagna, licet interdum crescant, interdum exarescant, suos tamen terminos retinent; ideoque in his jus alluvionis non agnoscitur.* » (Callistrate, l. 12 pr., D. *de acq. rer. dom.*) Ce droit d'alluvion n'existe pas non plus en faveur des propriétaires des *agri limitati ;* car on peut distinguer dans ce cas l'alluvion du champ, et alors il n'est plus vrai de dire que celui-ci se la soit appropriée en la confondant avec lui d'une façon assez intime pour nous tromper « *ut oculos nostros fallat,* » comme dit Gaius. — On appelait *agri limitati* ceux qui avaient été distribués après la conquête par portions égales parfaitement déterminées. M. Ortolan veut qu'on étende cette qualification à tous les champs riverains dont les limites ont été déterminées d'une façon quelconque, par exemple, par la construction d'un mur. Mais je ne pense pas qu'on puisse admettre cette interprétation; il n'est pas probable en effet que le propriétaire, qui enclot son champ, renonce par là aux avantages que peut lui procurer l'accession. Il n'y aurait alors aucune raison pour les lui refuser.

Alferus Varus, dans un fragment de son Digeste, qui forme la loi 38, D. *de acq. rer. domin.*, signale un singulier cas de bouleversement de droits de propriété par alluvion. Il suppose le champ de Primus, bordé par la voie publique; derrière le chemin, le champ de Secundus; derrière ce champ, un fleuve; derrière ce fleuve, le champ de Tertius. Le fleuve s'éloigne peu à peu du champ de Tertius et envahit insensiblement le champ de Secundus; à mesure que la retraite des eaux s'opère, l'ancien lit du fleuve devient par alluvion la propriété de Tertius. La voie publique est à son tour envahie complètement par le fleuve, qui abandonne ainsi insensiblement le champ de Secundus; Secundus ne récupère pas pour cela sa propriété, par droit d'alluvion son terrain est venu accroître celui de Tertius, déjà accru de l'ancien lit du fleuve. Mais le fleuve retourne peu à peu dans son ancien lit, laissant successivement à découvert l'ancien chemin et le champ de Secundus; alors ces terrains deviennent un accroissement du champ de Primus, qui dans le principe n'était point riverain, et qui maintenant profite d'une alluvion considérable.

Il ne faut pas confondre l'alluvion avec l'*avulsion*. Il y a avulsion quand le fleuve, arrachant une portion reconnaissable d'un champ, la transporte sur un autre. Dans ce cas le maître du terrain enlevé en garde la propriété. Mais si ce-

terrain reste assez longtemps adhérent au champ pour que les arbres qu'il a entraînés prennent leurs racines dans ce champ, alors il y a confusion des deux terrains, et le propriétaire dont le terrain a été enlevé n'a plus rien à réclamer. Il est vrai que quelques personnes prétendent que les arbres seuls sont soumis aux droits d'accession; elles argumentent du mot *acquisitæ*, qui se trouve dans le § 21 des Institutes, et qu'on ne peut, disent-elles, faire rapporter qu'au mot *arbores*, qui précède. Mais ce mot peut aussi bien se rapporter tout à la fois au mot *pars* et au mot *arbores*, ce qui étendrait l'acquisition à la portion de terrain enlevée et aux arbres; et c'est la seule explication qui puisse s'accorder avec la loi 7, § 2, D. *de acqui. rer. dom.* : « Quod si vis fluminis partem aliquam ex tuo prædio detraxerit, et meo prædio attulerit, palam est eam tuam permanere. Plane si longiore tempore fundo meo hæserit, arboresque, quas secum traxerit, in meum fundum radices egerint, ex eo tempore videtur meo fundo *adquisita* esse. »

Des îles. — L'île qui se forme au milieu de la mer est attribuée au premier occupant comme chose *nullius*. Mais il n'en est pas en général de même quant aux îles qui se forment dans un fleuve. Les îles peuvent se former dans un fleuve de quatre manières, ainsi que l'indiquent les lois 30, § 2 et 65, § 2, D. *de acq. rer. dom.* Elles peuvent se former : 1° par l'invasion de l'eau, qui coupe une partie d'un champ ; 2° par le dessèchement d'une partie du lit du fleuve; 3° par atterrissement, ou accumulation successive de molécules qui a produit une éminence dominant les flots ; 4° par l'agglomération, à la surface de l'eau, de petites branches, de feuilles ou d'autres corps légers, qui se sont recouverts de terre, et ont formé ce qu'on appelle une île flottante. Les premières appartiennent au propriétaire du champ dont elles ont été détachées. Il n'en pouvait être autrement. Les îles flottantes sont publiques, comme le fleuve lui-même. Enfin, quant au îles d'atterrissement ou de dessèchement, il semblerait qu'elles devraient aussi être publiques ; c'est même ce qui paraît résulter d'un passage de Labéon : « Si id quod in publico innatum, aut ædificatum est ; publicum est : insula quoque quæ in flumine publica nata est, publica esse debet. »(L. 65, § 4, D. *de acquirendo rerum dominio*). Cependant il est démontré par une grande quantité de textes que telle n'était point la théorie qui avait prévalu. On considérait au contraire que le fleuve n'était chose publique qu'en tant que fleuve ; que son lit n'était public que lorsqu'il était couvert d'eau ; qu'il redevenait *res singulorum*, quand il était mis à sec, de même que le terrain devenait public, quand il était envahi définitivement par le fleuve ; ce qui faisait dire à Pomponius que les fleuves jouaient en quelque sorte le rôle des *Censitores*, déclarant public ce qui était privé, et réciproquement. « Censitorum vice funguntur, ut ex privato in publicum addicant, et ex publico in privatum. » (L. 30, § 3, D. *de acq. rer. dom.*). Si donc une portion du lit du fleuve était mise à découvert par dessèchement ou atterrissement, elle cessait d'être publique. L'île qui était ainsi formée était attribuée aux propriétaires, ainsi que l'indique le § 22 Inst., l. 1, t. 2, et les lois 56, 65, § 4, et 29, *de acq. rer. dom.* Pour savoir dans quelle proportion chacun des riverains y avait droit, on supposait une ligne suivant le cours du fleuve et le partageant par le milieu, puis de chaque extrémité des champs riverains on abaissait fictivement sur cette ligne des perpendiculaires ; et toute île ou portion d'île qui se trouvait comprise dans le quadrilatère formé par la ligne transversale, les deux perpendiculaires, et la rive, était attribuée au propriétaire de cette rive.

Lorsqu'on a ainsi acquis une île au milieu d'un fleuve,

on acquérait ensuite de la même manière celles qui se formaient entre l'autre rive et la rive de cette île, c'est-à-dire que la ligne qu'on supposait tracée au milieu du fleuve pour régler l'attribution des iles se trouvait reculée par l'existence de la première acquisition « mensura eo nomine erit instruenda tua insula, non ab agro tuo. » (L. 56, § 1, D. *de acq. rer. dom.*) On acquerrait aussi l'alluvion qui se formait sur les rives de cette île, même au-delà de la ligne qui partageait primitivement le fleuve, et vis-à vis les propriétaires inférieurs ou supérieurs. « Et quod posteà ei insulæ alluvione accessit, id tuum est ; etiamsi ita accesserit, ut procederet insula contra frontes vicinorum superioris atque inferioris ; vel etiam ut proprior esset fundo ejus qui transflumen habet. » (Même loi.)

Si le fleuve était bordé par des *agri limitati*, les iles appartenaient au premier occupant, car on ne pouvait étendre le droit des propriétaires riverains. (L. 1, § 6, D. *de fluminibus.*)

Supposons qu'au lieu d'un dessèchement partiel qui fasse naître une île au milieu du fleuve il y ait abandon complet du lit, que doit devenir ce lit abandonné ? « Des eaux qui avaient couvert des terres non appropriées viennent de les abandonner, à qui accorder la propriété de ces terres nouvelles ? Il y a bien des raisons pour les accorder aux propriétaires des terres voisines : 1° eux seuls peuvent les occuper sans empiéter sur la propriété d'autrui ; 2° eux seuls peuvent avoir formé quelque attente sur ces terrains et les considérer comme devant leur appartenir ; 3° la chance de gagner par la retraite des eaux n'est qu'un dédommagement pour la chance de perdre par leur invasion ; 4° la propriété des terres conquises par les eaux opérera comme une récompense pour exciter à tous les travaux nécessaires à ce genre de conquête. » (Bentham, *Traités de lég. civ. et pén.*, 2ᵉ partie, ch. 1.) Aussi le droit romain reconnaissait-il aux propriétaires riverains le droit de prendre le lit abandonné, et ils se le partageaient proportionnellement à la longueur de leurs champs, d'après le procédé que j'ai indiqué ci-dessus pour l'attribution des îles. Si le terrain envahi par le fleuve venait à son tour à être abandonné, on le partageait de la même manière entre les riverains, sans se préoccuper des droits des anciens propriétaires; de sorte que, si l'un des propriétaires avait eu tout son terrain envahi, comme il n'était plus riverain, il n'avait aucun droit sur le lit abandonné, quoique dans le lit à partager se trouvât compris son champ. Mais cette solution est si rigoureuse, que Gaius nous dit que c'est à peine si on peut l'admettre. « Cujus tamen totum agrum novus alveus occupaverit, licet ad priorem alveum reversum fuerit flumen; non tamen is cujus is ager fuerat, *stricta ratione* quicquam in eo alveo habere potest. Quia et ille ager, qui fuerat, desiit esse, amissa propria forma. Et quia vicinum prædium nullum habet, non potest ratione vicinitatis ullam partem in eo alveo habere. *Sed vix est ut id obtineat.* » (L. 7, § 5, *De acq. rer. dom.*) — Cependant Justinien dans ses Institutes reproduit le principe sans aucun tempérament d'équité : « Quod si post aliquod tempus ad priorem alveum reversum fuerit flumen, *rursus novus alveus eorum esse incipit qui prope ripam ejus prædia possident.* » Mais remarquons que pour que ce résultat se réalise il ne suffit pas d'un envahissement passager du terrain : il faut que l'occupation ait été assez longue pour que l'on ait pu considérer raisonnablement le cours du fleuve comme changé. « Namque inundatio speciem fundi non mutat et ob id, quum recesserit aqua, palam est ejusdem esse, cujus et fuit. » (L. 7, § 6, *De acq. rer. dom.*)

Lorsque les îles qui se forment par dessèchement ou par attérissement dans un fleuve ou le lit qu'il abandonne, sont attribués aux propriétaires riverains, on ne peut pas voir dans ce fait un véritable cas d'accession ; car il n'y a pas là réunion de deux choses dont l'une soit la dépendance, l'accessoire de l'autre. L'île et le lit abandonné sont des choses parfaitement distinctes du champ riverain, qui pourraient très-bien appartenir à des maîtres différents, comme cela a lieu quand le champ riverain est un *ager limitatus*, et comme le prouve encore la loi 9, § 4, D. *de usufructu*, qui dit que l'usufruit qu'on a sur le chanp riverain ne s'étend pas aux îles. Seulement des raisons de voisinage que j'ai déjà indiquées en ont fait attribuer la propriété aux riverains; c'est alors un don de la loi du même genre que celui qu'elle fait de la moitié du trésor au propriétaire du fonds sur lequel il est trouvé. Dans l'un et dans l'autre cas, il y a acquisition à l'occasion de la chose, sans qu'il y ait ni occupation, ni accession véritables.

Spécification. — On entend par spécification l'action de transformer une matière première en un objet nouveau, en une nouvelle espèce (*nova species*), par exemple, un lingot en statue, une certaine quantité d'olives en huile. A qui appartiendra l'objet nouveau? — D'abord il ne saurait y avoir difficulté quand celui qui a fabriqué ou pour le compte duquel on a fabriqué, *cujus nomine factum est*, était propriétaire de la matière : l'objet nouveau ne peut appartenir qu'à lui. Mais si celui qui a fabriqué agissait pour lui, mais avec la matière d'autrui, il faut alors distinguer si c'est ou non avec le consentement du propriétaire de la matière. Si le spécificateur travaillait avec le consentement du propriétaire de la matière, c'est qu'alors il est intervenu entre lui et ce propriétaire une convention qui règle leurs droits respectifs, et c'est cette convention qui fera loi. Si le spécificateur a travaillé, au contraire, sans le consentement du propriétaire de la matière, alors naît la difficulté. Logiquement, en s'attachant à la subtilité du droit, on doit dire la matière première a fait place à un objet nouveau, elle est éteinte, et le droit de propriété dont elle était l'objet doit être éteint avec elle ; quant à l'objet nouveau, il doit, par droit d'occupation, être attribué au spécificateur qui s'en est trouvé en possession à mesure qu'il le formait, c'est-à-dire évidemment avant que personne se le fût approprié. Aussi c'est ce que décidaient Nerva et Proculus et les jurisconsultes de leur école. Mais Sabinus et Cassius et leurs disciples examinaient le phénomène de la spécification à un autre point de vue, et attribuaient l'objet au propriétaire de la matière, par la raison que sans la matière l'objet n'aurait pu être formé « *quia sine materia nulla species effici possit.* » Ainsi nous voyons dans la loi 7, § 7, D. *de ac. rer. dom.*, que le propriétaire du bois avec lequel on a construit un navire est propriétaire du navire, et cependant, dans ce cas, il est bien évident que les arbres qui ont été employés à la construction ne peuvent être considérés comme existant encore « *cupressus non manet, sed cupresseum corpus*, » dit Paul, loi 26, même titre. Cela, du reste, était si bien compris par les Sabiniens, qu'en attribuant la propriété de l'objet nouveau au propriétaire de la matière, ils ne s'appuyaient pas sur ce que c'était la même chose qui subsistait avec des modifications, de manière toutefois que le propriétaire pût dire : voici ma chose, mais sur ce que, comme je l'ai déjà fait remarquer, la chose nouvelle n'aurait pu exister sans la matière.

Les théories des deux écoles étaient trop absolues et on crut trouver un moyen terme plus équitable, en distinguant le cas où la matière pouvait être ramenée à son premier état, du cas où ce retour au premier état n'était pas possible. Dans le premier on attribuait l'objet nouveau au propriétaire de la matière, dans le second au spécificateur. On considérait sans doute la matière, qui pouvait être ramenée à son état primitif, comme existant encore, de sorte que celui qui en était propriétaire pût exercer la revendication, « *hanc ego rem meam esse aio* »; tandis que si la matière ne pouvait revenir à son premier état. elle devait être considérée comme éteinte, et l'objet nouveau attribué à celui qui l'ayant créé, l'a *occupé* le premier. C'est ce système éclectique qu'a adopté Justinien (§ 25, Inst., l. 2, t. 1.) — Ainsi si on a fondu un vase, comme il peut être ramené en un lingot, il appartiendra au propriétaire de la matière. Si au contraire avec des raisins, des olives, on a fait du vin de l'huile, ce vin, cette huile appartiennent au spécificateur, parce qu'ils ne peuvent redevenir raisins ou olives. Dans le paragraphe des Institutes d'où je tire ces exemples on en trouve un autre, qui ne peut s'y être glissé que par erreur, celui où du blé aurait été séparé de l'épi, on semble considérer dans le cas qu'il y a spécification ; il est évident cependant qu'il n'y a pas alors un nouvel objet, *nova species*, on n'a fait que séparer deux objets, la paille et le grain ; c'est ce que dit fort bien Gaius, sur lequel a été copié d'une manière incorrecte le paragraphe des Institutes, dont il s'agit, « *non novam speciem facit, sed eam quæ est detegit.* » (L. 7, § 7, D. *de acq. rer. dom.*)

La théorie que je viens d'esquisser s'applique du reste aussi bien dans le cas où le spécificateur est de mauvaise foi, que dans le cas où il est de bonne foi. C'est ce que prouve le paragraphe 79, c. 2 de Gaius, qui suppose que le propriétaire de la matière peut avoir l'action de vol contre un spécificateur auquel est attribué l'objet nouveau : « Alii vero ejus rem esse putant qui fecerit, idque maxime diversæ scholæ auctoribus visum est; sed eum quoque cujus materia et substentia fuerit, furti adversus eum qui subripuerit habere actionem. » — Dans ce cas de vol, le spécificateur était exposé à trois actions, l'action *furti*, *la condictio furtiva*, et l'action *ad exhibendum*, parce qu'il s'est mis de mauvaise foi dans l'impossibilité d'exhiber. Lorsque l'objet devait revenir au maître de la matière, celui-ci avait en outre des précédentes actions, la revendication; mais il était tenu, en répétant la chose, d'indemniser le spécificateur : « Ex argento subrepto pocula facta condici passe Fulcinius ait : ergo in condictione poculorum, etiam cælaturæ æstimatio fiet, quæ impensa furis facta est. » Il ne faut pas que personne s'enrichisse au détriment d'autrui, même d'un voleur.

Je terminerai la matière de la spécification en remarquant, avec la fin du paragraphe 25, Inst., l. 2, t. 1, que si le spécificateur n'avait pas fourni seulement son travail, mais encore une partie de la matière, il serait propriétaire de l'objet nouveau, « *dubitandum non est hoc casu, cum esse dominum qui fecerit.* » Cependant on a contesté cette règle, en s'appuyant sur que Justinien ne citait pour exemples que des cas où les choses unies ne peuvent être ramenées à leur nature première. Ainsi le cas où quelqu'un a mêlé son miel avec le vin d'autrui pour en faire du *mulsum*, on a dit que c'était pour ces cas là seulement que la règle était applicable, mais qu'il en était autrement dans le cas où les choses pouvaient être ramenées à leur premier état; et on a invoqué à l'appui les lois 3, § 2, 4, 5, § 1, D., *de rei vindic.*; et 12, § 1, D., *de acquir. rer. dom.* Mais ces lois ne prouvent aucunement que la règle des Institutes soit fausse; car elles ne prévoient que des cas où il n'y a pas spécification, mais bien confusion ou mélange.

Confusion. — On entend par confusion l'union des choses liquides ou réduites à l'état de liquides. Pour en régler le résultat, on distingue trois cas :

1° La confusion s'est opérée par la volonté des deux propriétaires : — il s'est formé une sorte de société entre eux, et alors peu importe que la confusion donne lieu ou non à une espèce nouvelle, qu'il s'agisse, par exemple, de la confusion d'une certaine quantité de vin avec du miel, ou de la confusion de deux lingots d'argent, le résultat est toujours commun; et l'action qui compète à chacun des propriétaires est l'action *communi dividundo*.

2° La confusion s'est opérée par hasard : — La décision est la même, *idem juris esse placuit*, dit le paragraphe 27, Inst., l. 2, t. 1. Toutefois il faut supposer, pour que cela soit vrai, que les choses confondues ne puissent être séparées; car si elles pouvaient l'être, la masse ne serait pas commune, chaque propriétaire conserverait sa chose et pourrait la revendiquer, sauf à intenter préalablement l'action *ad exhibendum* contre le possesseur qui s'opposerait à la séparation. Ainsi on considérait, comme n'étant point commun, le mélange du plomb et de l'argent, « si plumbum cum argento mixtum sit, quia deduci possit, nec communicabitur, nec communi dividundo agetur, quia separari potest, agetur autem in rem actio. » — Du reste, la loi 5, § 2, et la loi 4 D. *de rei vindic.*, combinées parlent pour le cas où le mélange est commun de deux actions, l'action *communi dividundo* et la revendication *pro parte*. Ces deux actions n'ont pas le même but, elles sont établies pour deux hypothèses différentes; il peut se faire que l'un des propriétaires, étant en possession de la chose, ne reconnaisse pas le droit de copropriété de l'autre, alors celui-ci agira par la revendication *pro parte*, pour se faire reconnaître propriétaire d'une part indivise; si au contraire le droit de copropriété n'est pas contesté ou a été reconnu judiciairement par suite de la revendication *pro parte*, et qu'on veuille sortir de l'indivision, on intentera l'action *communi dividundo*.

3° L'union s'est opérée par le fait d'autrui : — Alors, s'il y a eu une nouvelle espèce formée, elle appartient au spécificateur, conformément à ce que j'ai dit précédemment; s'il n'y a pas une nouvelle espèce, on applique les mêmes principes que dans le cas précédent. Et si celui qui a fait le mélange a volé l'objet d'autrui, il est exposé à l'action *furti*, à la *condictio furtiva*, et à l'action *ad exhibendum*. (L. 4, D. *de rei vindic.*)

Remarquons que dans le cas même où deux métaux avaient été fondus ensemble d'une manière inséparable (et les Romains considéraient comme inséparablement unis, par exemple, l'or et le cuivre fondus ensemble), les jurisconsultes n'admettaient pas qu'il y eût spécification, quoiqu'ils l'admissent pour la confusion du vin et du miel; mais ils considéraient ce mélange, alors même qu'il était formé par autrui, comme étant toujours commun, et ils accordaient l'action *communi dividendo* ou la revendication *pro parte*. Il n'y avait pas spécification, parce que les molécules de cuivre et d'or ne sont pas décomposées. « Necquaquam erit dicendum, quod in mulso dictum est, quia utraque materia, etsi confusa, manet tamen. » (L. 5, § 1, D. *de rei vindic.*) Lorsque, dans les espèces qui précèdent, j'ai parlé de l'union de deux métaux, j'ai eu en vue seulement des lingots et non des métaux travaillés. Car les mêmes principes ne s'appliqueraient plus dans le cas où il s'agirait d'un métal qu'on aurait employé, par exemple, à la réparation d'un vase, du plomb avec lequel on aurait soudé une coupe. Alors, en effet, le métal en lingot uni au métal travaillé en deviendrait l'accessoire. « Si tuum scyphum alieno plumbo plumbaveris; non dubitatur scyphum tuum esse à te rectè vindicari. » (L. 27 pr., D. *de acq. rer. dom.*)

Mélange. — Le mélange (*commixtio*) est le rapprochement d'objets non liquides, dont les particules ne se confondent pas. Chaque objet conservant alors son existence propre, chacun des propriétaires conserve également son droit distinct, à moins que le mélange n'ait été opéré par la volonté des deux propriétaires; car alors il serait commun. « Quod si frumentum Titii frumento tuo mixtum fuerit, si quidem ex voluntate vestra, commune est; quia singula corpora, id est, singula grana quæ cujusque propria fuerint, ex consensu vestro communicata sunt. Quod si casu id mixtum fuerit, vel Titius id miscuerit sine tuâ voluntate, non videtur commune esse, quia singula corpora in suâ substantiâ durant. » (Inst., l. 1, t. 2, § 28.) Ainsi, si le mélange ne s'est pas opéré par la volonté des deux propriétaires, chacun a conservé la propriété de sa chose et peut la revendiquer. Dans l'exemple cité ci-dessus, chacun revendiquera donc la quantité de blé qui lui appartient dans le tas qu'a produit le mélange, « Quantum paret in illo acervo suum cujusque esse. » Seulement comme les deux blés mélangés peuvent n'être pas de même qualité, il ne sera pas toujours juste de rendre à chacun une quantité de blé mélangé égale à la quantité qui provient de lui, ce serait enrichir le propriétaire du blé de qualité inférieure au détriment du propriétaire du blé de qualité supérieure; alors le juge fixera la quantité que chacun des propriétaires devra recevoir dans le mélange : « Arbitrio autem judicis continetur, ut ipse æstimet quale cujusque frumentum fruerit. » C'est d'après les mêmes considérations que la loi 4, D. *de rei vindicatione*, décide que, si deux lingots d'argent fondus ensemble ne sont pas aussi purs l'un que l'autre, dans la revendication et dans l'action en partage, celui dont l'argent était le plus précieux emportera de la masse une partie d'autant plus considérable « hoc amplius ferat, cujus argentum pretiosius fuerat. »

De l'acquisition des fruits que produit notre chose, et du croît de nos animaux. — La moisson qui croît dans mon champ, les petits qui naissent de mes animaux, les enfants de mes esclaves, sont ma propriété comme le champ, les animaux et les esclaves. En effet, la moisson a grandi attachée à la terre et ne faisant qu'un avec elle, le part de l'animal, de l'esclave, s'est formé et développé dans le sein de la mère en étant tellement dépendant d'elle, que, si elle fût morte, jamais il n'eût vécu; lorsque j'arrache le produit de la terre, lorsque le part de l'animal ou de l'esclave prend naissance, d'une seule chose deux se forment, j'étais propriétaire des deux réunies, je serai propriétaire des deux séparées; il y a eu seulement modification de ma propriété. On pourrait aussi expliquer l'acquisition des fruits en disant que cette acquisition se trouve comprise dans le *dominium* même, c'est le *jus fruendi;* mais cette explication serait insuffisante quand il s'agit du croît des animaux. En effet, l'application du *jus fruendi*, à ce cas, aurait pour conséquence de faire attribuer le part, comme propriété indivise, au propriétaire du père et au propriétaire de la mère, c'est un produit commun. Mais on accorde le part exclusivement au propriétaire de la mère. Ce ne peut être qu'en le considérant comme une modification de sa propriété. Le propriétaire du père n'a droit qu'à un prix de louage « si æquam meam equus tuus prægnantem fecerit; non esse tuum, sed meum quod natum est. » (L. 5, § 2, D. *de rei vindic.*). C'est en appliquant les mêmes considérations que l'on explique comment les petits n'appartiennent pas à celui qui était propriétaire de la mère au moment de l'acte de fécondation, c'est-à-dire au moment où le produit se forme, mais à celui qui est propriétaire au moment de la naissance. « Quum prægnæns mulier legata aut usucapta, aliove quo modo alienata pariat : ejus fient partus, cujus est ea cui emeretur; non cujus tunc fuisset, cum conciperet. » (L. 66, D. *de acq. rer. dom.*)

DROIT FRANÇAIS.

DU RETOUR LÉGAL.

ART. 747 C. N.

On entend, en général, par droit de retour ou de reversion, le droit en vertu duquel une personne recouvre la propriété d'une chose dont elle s'était dessaisie.

Ce droit de retour peut exister en matière d'aliénations à titre onéreux, comme en matière d'aliénations à titre gratuit; ainsi le pacte de réméré établi dans un contrat de vente constituera aussi bien un droit de retour que la convention dont parle l'article 951 C. N., laquelle a pour objet d'assurer à un donateur le retour des choses données, soit pour le cas de prédécès du donataire seul, soit pour le cas du prédécès du donataire et de ses descendants.

Mais, dans le langage ordinaire, quand on dit *droit de retour*, on a en vue un droit de retour portant sur des choses qui ont été données et qui reviennent au donateur. Si ce droit de retour est fondé sur une convention, comme dans le cas de l'article 951 précité, on dit qu'il est *conventionnel*; si, au contraire, il prend sa source dans la loi même, on l'appelle *droit de retour légal*.

C'est de ce droit de retour légal que je me propose de traiter. Il fait l'objet de l'article 747 C. N.

« Les ascendants, dit cet article, succèdent à l'exclusion de tous autres aux choses par eux données à leurs enfants ou descendants décédés sans postérité, lorsque les choses données se retrouvent en nature dans la succession.

Si les objets ont été aliénés, les ascendants recueillent le prix qui peut en être dû. Ils succèdent aussi à l'action en reprise que pouvait avoir le donataire. »

Cet article renferme en lui seul tout ce qui, dans le Code Napoléon, concerne le retour légal. Cette matière importante y est évidemment traitée d'une façon incomplète ; et ce n'est pas à la discussion au conseil d'État qu'il faudra demander des explications pour résoudre les nombreuses et sérieuses difficultés auxquelles elle donne lieu ; car, ainsi que le reconnaît M. Malleville, le procès-verbal sur ce point est fort obscur. Mais on peut s'éclairer par quelques recherches historiques ; et on trouvera particulièrement dans le droit coutumier, dont le Code Napoléon semble avoir adopté les principes, une source abondante de lumière.

Historique. — L'origine du retour légal remonte au droit romain. On la trouve dans les lois 6, D. *de jure dotium*, et 4, C. *soluto matrimonio quemad. dos pet.*, qui accordent à tout ascendant paternel le droit de reprendre la dot qu'il a constituée à sa fille ou petite-fille, lorsque celle-ci meurt en mariage. C'est une faveur par laquelle on espérait adoucir la douleur que cause aux parents la mort de leur enfant; on évitait d'ajouter à leur chagrin le regret de voir les biens, qu'ils lui avaient donnés, passer en des mains étrangères : « Jure succursum est patri, ut filia amissa solatii loco cederet, si redderetur ei dos ab ipso profecta : ne et filiæ amissæ, et pecuniæ damnum sentiret. » On se proposait aussi par cette disposition d'exciter les parents à faire pendant leur vie des libéralités à leurs enfants, en leur enlevant la crainte de voir leurs biens sortir de leur famille : « Prospiciendum est enim ne hâc injectâ formidine parentum circa liberos munificentia retardetur. » (L. 2, C. *de bonis quæ lib.*)

Ainsi en droit romain on distinguait la dot constituée par

un ascendant paternel, que l'on nommait dot *profectice (dos profectitia)*, de la dot constituée par toute autre personne, par la femme, par un ascendant maternel, par un autre parent, par un étranger; cette dernière recevait la qualification d'*adventice (dos adventitia)* : « Dos aut profectitia dicitur, id est, quam pater mulieris dedit; aut adventitia id est, ea quæ a quovis alio data est. » (Ulpien, reg. 5, § 3.) Si le mariage se dissolvait par suite d'un événement autre que la mort de la femme, que la dot fût profectice ou adventice, peu importait : elle revenait à la femme dont elle devait faciliter un second mariage. Mais si la cause de la dissolution du mariage était la mort de la femme, alors la distinction que je viens d'établir prenait une grande importance : si la dot était profectice, elle revenait à celui qui l'avait constituée; si elle était adventice, elle restait au mari (sauf toutefois l'hypothèse ou le tiers, qui l'aurait constituée, aurait expressément stipulé le retour à son profit en cas de prédécès de la femme. — La dot prenait alors le nom de *dos receptitia*).

La qualité de profectice, qui rendait la dot susceptible d'être soumise au droit de retour, n'étant attribuée qu'à celle qui avait été constituée par un ascendant paternel, on pourrait penser qu'elle fût un attribut de la puissance paternelle. Il n'en est rien cependant, ainsi que le montre la loi 5, § 11, D. *de jure dotium :* « Si pater pro filia emancipata dotem dederit profectitiam nihilominus dotem esse nemini dubium est, quia *non jus potestatis*, sed parentis nomen dotem profectitiam facit. » Ce n'est pas le droit de puissance, mais le nom du père, qui rend la dot profectice. — On ne ne peut pas être plus explicite.

Le droit de reprendre la dot profectice était personnel à celui qui l'avait constituée, et le père, par exemple, ne pouvait répéter celle qu'avait constituée un aïeul : « Avus neptis nomine filio natæ genero dotem dedit et moritur :

negat Servius, dotem ad patrem reverti : et ego cum Servio sentio, quia non potest videri ab eo profecta quia nihil ex his sui habuisset. » Labéon, l. 79, pr. D. *De jure dotium*. Toutefois, si l'aïeul n'avait agi que pour rendre service à son fils, tenu de l'obligation de doter, alors il faudrait décider que la dot constituée, en considération du fils, retournerait à celui-ci, ainsi que cela résulte de la loi 6 au Dig. *De collatione bonorum*. Mais il ne faudrait pas considérer ce droit de retour accordé au fils comme un droit qu'il aurait recueilli dans la succession de son père ; c'est un droit qui lui est personnel et qu'on lui attribue, parce qu'il est censé avoir doté lui-même, puisque c'est pour lui qu'on a doté. Aussi il en jouirait alors même qu'il serait exhérédé par son père. — Il n'y a pas là exception à la règle qui laisse au mari la dot profectice, lorsque l'ascendant qui l'a constituée est mort au moment de la dissolution du mariage. On assimilait au cas de mort celui où l'ascendant avait été condamné et ses biens confisqués : « Si pater qui pro filia dotem dedit damnetur ; nihil competit fisco etiamsi in matrimonio postea filia decesserit : quo casu alias dos profectitia rediret ad patrem, manebit ergo penes virum. » L. 8 *in fine*, D. *De bonis damnatorum*. « Nisi probetur patrem, metu condemnationis in fraudem fisci, filiæ prospexisse. » L. 9 *Cod. Tit.*

L'existence d'enfants nés du mariage n'empêchait pas le droit de retour, seulement elle donnait au mari le droit de faire une retenue d'un cinquième par enfant : « Mortua in matrimonio muliere dos a patre profecta ad patrem revertitur, quintis in singulos liberos in infinitum relictis penes virum. » Ulp. fr. 6, § 4. De telle sorte qu'il n'y avait lieu à aucune restitution s'il y avait cinq enfants ou plus ; du moins tel me semble être le sens des mots : « quintis in singulos liberos in infinitum relictis. » — Le fragment d'Ulpien, que je viens de citer, est confirmé par

Paul dont l'avis est rapporté dans les *fragmenta Vaticana*, § 108 : Paulus respondit patrem a se profectam mortua in matrimonio filiâ, deductis quintis singulorum liberorum nomine, repetere posse... Mais le Digeste ne parle point de cette retenue d'un cinquième par enfant, elle a été abolie par Justinien, L. *unic.* C. *De rei uxoriæ actione*, § 5.

Le droit de retour, en droit romain, avait le caractère d'un droit de résolution. On considérait que la dot avait été constituée sous une condition résolutoire tacite qui s'accomplissait par la mort de la femme. Aussi voyons-nous qu'en France, dans les provinces de droit écrit où l'on suivait les principes du droit romain, on donnait au retour légal le même effet qu'au retour conventionnel. Les aliénations et dispositions faites par le donataire ne pouvaient être opposées au donateur. Les choses données retournaient au donateur sans charge de dettes et d'hypothèques. (V. Lebrun, Traité des successions, l. 1, ch. 5, sect. 2, n°s 60 et 70. — Boucheul, Traité des conventions de succéder, ch. 12, n°s 72 et 75. — Ferrière, sur l'art. 315 de la Cout. de Paris.)

Mais il semble que dans les pays de droit écrit on ait étendu le droit de retour à tous ascendants donateurs et qu'on l'ait soumis à la condition du prédécès des enfants du donataire. Ainsi, par arrêt du parlement de Toulouse, du 26 juin 1582, il a été jugé que la dot constituée par la mère retournerait à ladite mère, la fille étant prédécédée sans enfants, quoique du reste la fille ait disposé de la totalité de ses biens par testament, « idque ex lege 2 C. *De bonis quæ liber.*, quæ licet vulgo interpretatur de patre, habet etiam locum in matre quæ dotem dedit. » Laroche-flavin, liv. 5, t. 9, art. 1.

D'Olive dit même, liv. 4, ch. 47, que le parlement a étendu le droit de retour non-seulement à tous ascendants, mais même aux collatéraux ; ce que Cambolas, l. 1, ch. 5, et liv. 6, ch. 14, confirme, en ajoutant, toutefois, qu'il n'a pas été étendu au-delà des oncles et tantes.

Le droit coutumier s'écarte entièrement des principes du droit écrit; le droit de retour en faveur des ascendants donateurs y est converti en un véritable droit de succession, et on lui en donne le nom et les effets : « Ascendants *succèdent* ès choses par eux données à leurs enfans décédans sans enfans et descendans d'eux, » dit l'art. 313 de la coutume de Paris, qui formait en quelque sorte le droit commun de la France. La plupart des coutumes, en effet, avaient adopté cette disposition, et on l'appliquait encore comme règle d'équité, quand la coutume était muette à cet égard. « Hoc justum et generaliter observandum, » disait Dumoulin sur l'art. 78 de la coutume de Valois.

Il est vrai que quelques coutumes étaient contraires et semblaient se rapprocher davantage du système du droit écrit, ainsi la coutume du Berri, tit. 19, art. 5 : « Si aucun des ascendans en ligne directe avait donné aucuns héritages au trépassé qui décède sans hoirs descendans de son corps, ils retournent audit donateur librement et sans charge de dettes personnelles; mais non quant aux charges réelles, desquelles lesdits héritages demeurent chargés, lequel donateur, toutefois, sera tenu solidairement au payement desdites dettes, où le demeurant des biens du défunt ne suffirait, et ce, jusqu'à la concurrence des choses données à lui retournées. »

D'autres, conservant au droit de retour son caractère de droit de succession, le modifiaient en étendant le nombre des personnes qui pouvaient y prétendre. Ainsi la coutume d'Auxerre, art. 242 : « Si l'oncle, tante, cousin, cousine ou autre parent collatéral, donne à ses neveu, cousin ou autre parent, aucun immeuble, et lesdits donataires décèdent sans hoirs de leur corps, ou sans avoir disposé desdites choses données, lesdits donateurs ou leurs enfants succéderomt devant tous auxdits donataires ainsi décédés, en ce qu'ils auront donné, combien que ledit défunt ait délaissé parens plus prochains. »

Maintenant, examinons à quelles conditions était généralement soumis le droit de retour en droit coutumier. Ces conditions sont au nombre de deux : il faut, 1° que le donataire décède avant le donateur et sans laisser d'enfants; 2° que la chose se trouve dans la succession du donataire.

1° *Il faut que le donataire meurt sans postérité avant le donateur.* — L'existence d'un enfant du donataire empêche le retour, parce qu'on suppose que le donateur s'est dépouillé non-seulement en faveur de ses enfants, mais encore en faveur de ses petits-enfants, sur lesquels se reporte son affection. Du reste, ce droit de retour n'était pas éteint d'une manière absolue par suite de la présence d'enfants, puisque, si ceux-ci mourraient plus tard sans postérité, le retour pouvait s'exercer dans leur succession, comme il se serait exercé dans celle du donataire lui-même. C'est du moins ce qu'on décidait généralement dans les pays de droit coutumier (1). Dans les pays de droit écrit, au contraire, la question était fort controversée parmi les auteurs, et la jurisprudence des parlements n'était pas moins divergente. Ainsi, le parlement d'Aix jugeait que le retour de la dot ne devait pas avoir lieu, en faveur de l'aïeul donateur, après le décès des enfants de la fille dotée; la survivance de ces enfants éteignait absolument le droit de retour dans ce cas. Cependant, le même parlement admettait le retour à l'égard des autres donations, quand les descendants des donataires ne laissaient pas de postérité. Le parlement de

(1) Lebrun, liv. 1er, ch. 5, sect. 2, nos 33 et 34. — Pothier, *des successions*, ch. 2. — Ricard, *donations*, part. 3, nos 980 et suiv. Ferrière, sur l'art. 313 de la cout. de Paris. Duplessis, sur le même article.

Dijon refusait le droit de retour dans tous les cas après le décès des descendants du donataire décédés sans postérité. Le parlement de Toulouse, au contraire, jugeait constamment en faveur de l'ascendant donateur. Cette divergence dans la jurisprudence des parlements était si grande, que le tribunal de cassation, par un arrêt rendu le 28 thermidor an XI, a jugé qu'il régnait sur la matière un tel chaos dans les provinces de droit écrit, qu'on ne pouvait pas considérer qu'il y eût une règle précise, dont la violation eût pu donner lieu à cassation. Du reste, déjà Bretonnier s'était plaint amèrement de cette confusion : « Après tout cela, disait-il, quel est l'homme de bon sens qui ne déplorera l'infirmité des lois humaines et l'incertitude du jugement des hommes, puisqu'ils sont si remplis de variations que ce ne sont que ténèbres et aveuglements ? »

2° *La chose doit se trouver dans la succession du donataire.* — « Car, dit Ferrière sur l'art. 313 de la cout. de Paris, c'est une maxime dans le droit coutumier qu'il en peut disposer à sa volonté par actes entre-vifs, *quo volet modo*, c'est-à-dire à titre lucratif ou onéreux, en sorte que si elle a été aliénée, le donateur ne peut en prétendre l'estimation sur les autres biens, et l'opinion contraire n'est pas soutenable dans les coutumes, où le droit de retour s'exerce par le donateur par droit de succession et comme successeur. » Quant aux dispositions par acte de dernière volonté, elles n'étaient valables que pour le cinquième, et les quatre cinquièmes retournaient au donateur. On appliquait à la succession anomale, dont nous nous occupons, les règles de la légitime coutumière, telles que nous les trouvons dans l'art. 292 de la coutume de Paris. « Toutes personnes saines d'entendement, âgées et usans de leurs droits, peuvent disposer par testament et ordonnance de dernière volonté, au profit de personne capable, de tous leurs biens, meubles, acquêts et conquêts immeubles, et de la *cinquième partie de tous leurs propres héritages*, et non plus avant, encore que ce fût pour cause pitoyable. »

Du reste, Duplessis, liv. 3, ch. 2, dit que le droit de disposer même entre-vifs cesserait si le droit de retour avait été stipulé expressément; ce qui me semble fort logique, nonobstant l'opinion contraire de Ferrière, qui exige, pour faire tomber l'aliénation, que la stipulation porte que la chose donnée retournera sans charge de dettes et hypothèques; la simple clause de retour devant, selon lui, produire seulement le droit de retour selon le droit commun et ordinaire. Une telle interprétation enleverait à cette clause toute son utilité, et il est de règle que l'on doit toujours interpréter les conventions dans le sens qui peut leur faire produire effet.

Le droit de retour, comme je l'ai dit plus haut, était en droit coutumier un droit de succession, ainsi que le prouvent et les termes de l'article 313 de la coutume et la place que cet article occupe dans le titre des successions. Les choses données formaient une hérédité particulière à laquelle on pouvait être appelé sans l'être à la succession ordinaire. Ainsi, si nous supposons que ce soit un aïeul qui ait fait la donation et qu'à sa mort le donataire laisse son père et sa mère, l'aïeul évidemment est exclu de la succession mobiliaire; mais on lui accordera la succession des choses par lui données. La coutume d'Auxerre, art. 242, est fort claire sur ce point, elle explique parfaitement de quelle manière les donateurs succèdent : « Si l'oncle, tante, cousin, cousine ou autre parent collatéral, donne à ses neveu, cousin ou autre parent, aucun immeuble et lesdits donataires décèdent sans hoirs de leur corps ou sans avoir disposé des choses données, *lesdits donataires ou leurs enfants succèderont devant tous* auxdits donataires ainsi décédés, en ce qu'ils auront donné, *combien que le défunt ait délaissé parents plus proches.* » Toutefois tous les auteurs n'admettent pas ce système; ainsi Duplessis, sur l'article 315 de la coutume de Paris, accordait la préférence au père sur l'aïeul donateur : « Le droit de retour, dit-il, n'est pas un privilége personnel, puisque la coutume ne le défère que par voie de succession, de sorte que l'ordre des successions doit y être gardé, c'est-à-dire la proximité. Si elle donne le retour aux ascendants, ce n'est pas tant parce qu'ils sont donateurs que parce qu'ils sont de la ligne et les plus proches. On répute que, quand l'aïeul a donné à son petit-fils, il a mis la chose dans la ligne directe descendante, qui ne lui saurait par conséquent retourner que par la même ligne, et en passant par les degrés d'icelle : or, elle est arrêtée à celui du père, et si l'article parle des aïeuls, ce n'est que pour le cas où il n'y a plus de père ou de mère de leur côté. » Mais Pothier, Lebrun, Ferrière soutenaient que l'aïeul devait toujours être préféré.

Le droit de retour s'exerçant en droit coutumier, comme droit de succession, l'ascendant donateur qui l'invoquait était obligé pour sa part au paiement des dettes de la succession du donataire; mais c'était une question controversée, de savoir s'il en était tenu *ultra vires emolumenti.* Lebrun tenait pour l'affirmative. Ferrière, au contraire, enseignait qu'il n'en pouvait être tenu que *pro modo emolumenti,* sans être tenu de prendre lettres de bénéfice d'inventaire, et il en donnait pour raison que celui qui exerce ce droit n'est pas proprement héritier, il n'est que successeur *in re singulari.*

Je dois remarquer enfin que l'article 313 de la coutume de Paris ne distingue pas entre les divers ascendants paternels ou maternels, ni entre les donations ordinaires et les donations en faveur du mariage. Mais d'un autre côté il ne parle que des héritages, mais point des meubles ;

en effet, « quoique le terme de *chose*, dont les coutumes se servent, en disant *succèdent ès choses*, soit un terme général, qui, dans la signification ordinaire, comprend tant les choses meubles que les choses immeubles, qui sont seules susceptibles de la qualité de propres, ce n'est que de ces dernières choses dont il est question dans ces articles. Cela résulte de ce terme *toutefois* par lequel ces articles commencent, qui indique clairement sa relation avec ce qui précède, et fait connaître qu'il est question de la même espèce de chose dont il était parlé dans le précédent. Ces coutumes après avoir dit « propre héritage ne remonte aux père et mère et autres ascendants » pour nous faire connaître que cette règle n'exclut les ascendants que de la succession des propres qui proviennent d'un différent côté, ajoutent dans l'article suivant, *toutefois succèdent ès choses par eux données*; c'est comme s'ils disaient, toutefois succèdent à ceux qui proviennent de leur côté, par exemple, à ceux qui proviennent de la donation qu'ils en ont eux-mêmes faite à leurs enfants. » Pothier, Tr. des suc., ch. 2, sect. 2, art. 3. En conséquence on admettait sans difficulté que tous les immeubles corporels ou incorporels, même les immeubles par fiction, comme les offices ou les rentes constituées étaient sujets à reversion; tandis qu'on déniait généralement le droit de retour pour les meubles, excepté cependant pour les obligations, les rentes et autres objets de cette nature, sur l'identité desquelles il ne pouvait s'élever de difficulté.

Le droit intermédiaire n'admit pas le droit de retour légal : « Dans tous les cas les ascendants sont toujours exclus par les héritiers collatéraux, qui descendent d'eux ou d'autres ascendants au même degré. » Art. 72, décret du 17 nivôse an II.

Passant maintenant à l'examen des dispositions du Code Napoléon sur le droit de retour légal, j'aurai à expliquer successivement : 1° quelle est sa nature ; — 2° quels sont ceux qui ont le droit de l'invoquer ; — 3° dans quels cas il est ouvert ; — 4° sur quelles choses il porte.

I.

De la nature du droit de retour légal.

Les rédacteurs du Code Napoléon, en admettant le droit de retour légal, avaient à opter entre deux systèmes; celui du droit romain, suivi avec quelques modifications dans les provinces de droit écrit, qui considérait le droit de retour légal comme une véritable résolution de la donation, et celui des pays coutumiers, qui l'avait transformé en un droit de succession. Ils adoptèrent le dernier; et l'article 747 fut calqué en partie sur l'article 313 de la coutume de Paris. « Les ascendants *succèdent... aux choses données...* » Le droit qu'il consacre est donc ce droit de retour que Boucheul, dans son *Traité des conventions de succéder*, p. 183, qualifie de *succession anomale*, succession d'une nature particulière, qui ne repose pas seulement sur la qualité de parent, mais encore sur la qualité de donateur. « C'est un *droit mixte*, dit Lebrun, un droit *spécial au donateur, droit de succession*, parce que, pour l'exercer, il faut sinon être héritier plus proche, du moins pouvoir être héritier du donataire. »

Lorsqu'un descendant donataire meurt sans postérité avant le donateur, il laisse donc deux successions, la succession anomale composée des biens donnés par l'ascendant et qui existent encore dans le patrimoine du défunt, et la succession ordinaire composée de tous ses autres biens. La règle de l'art. 732, « la loi ne considère ni la nature, ni l'origine des biens pour en régler la succession, » est violée. Et de même que dans notre droit coutumier, le patrimoine d'un défunt se divisait en deux universalités, la succession mobiliaire et la succession des propres; de même dans le cas de l'article 747 on aura deux universalités, la succession ordinaire, la succession anomale.

Ces préliminaires posés, voyons quelles en sont les conséquences :

Le droit de retour légal est, disons-nous, un droit de succession : on exigera donc de ceux qui voudront l'exercer les conditions de capacité prescrites par l'article 725; on écartera ceux qui se trouveront dans un des cas d'indignité prévus par l'article 727; on appliquera les dispositions de l'article 1130 C. N. qui ne permet pas de renoncer à une succession non encore ouverte, ni de faire aucune stipulation sur une pareille succession, même avec le consentement de celui de la succession duquel il s'agit; de sorte qu'on annulerait toute clause de la donation portant renonciation au droit d'exercer le retour légal, ou tout acte postérieur fait pendant la vie du donataire, et contenant soit une semblable renonciation, soit une convention qui aurait pour objet de transférer ce droit à un tiers (art. 1600 C. N.).

De ce que le droit de retour légal est un droit de succession, on conclura encore qu'il est soumis au droit proportionnel de mutation par décès, à la différence du droit de retour conventionnel, réglementé par l'article 951, et qui n'est autre chose qu'une résolution par l'accomplissement d'une condition stipulée. (Un arrêt de la cour de cassation, rendu le 8 février 1814, a décidé que le droit de réversion que les lois romaines, suivies dans les pays de droit écrit, accordaient au père donateur, doit être considéré comme un droit de retour conventionnel, et dès lors comme ne donnant ouverture qu'à un droit fixe. —

Et c'est aussi parce que la cour considérait que le droit de retour, tel qu'il existait en droit romain et dans nos provinces de droit écrit, était non un droit de succession, comme en droit coutumier, mais un véritable droit de retour, résultant en quelque sorte d'une condition tacite de la donation, qu'elle faisait l'application des règles de l'ancienne jurisprudence dans un cas où le décès du donateur était arrivé depuis la promulgation du Code Napoléon. »

Peut-on dire que l'ascendant donateur est saisi, de plein droit, dès l'instant du décès du donataire, des choses qui composent la succession anomale? En d'autres termes, peut-on appliquer à l'ascendant appelé à cette succession le bénéfice de la saisine que l'article 724 accorde aux *héritiers légitimes?* — M. Zachariæ et ses commentateurs, MM. Aubry et Rau, lui refusent ce bénéfice, en se fondant sur ce qu'il n'est accordé qu'*aux héritiers légitimes* et qu'on n'a jamais donné cette qualité qu'à ceux qui, par le seul effet d'un lien de parenté légitime, sont appelés à succéder à la personnalité du défunt. Mais alors quelle voie suivra l'ascendant donateur pour arriver à la réalisation de son droit? Il *succède*, dit l'article 747, et le Code n'a jamais présenté que deux classes de successeurs, ceux qui sont saisis et ceux qui sont tenus de se faire envoyer en possession; ce sera donc à la demande d'envoi en possession qu'il lui faudra recourir? — Mais la loi a énuméré les successeurs qui sont soumis à l'obligation de se faire envoyer en possession par justice, ce sont les parents naturels, le conjoint et l'État; l'ascendant donateur n'est pas compris dans l'énumération. Devra-t-il donc alors être traité comme un légataire, et être forcé de demander aux autres héritiers la délivrance des biens qui lui reviennent? — M. Zachariæ lui-même répond négativement : « Quoique le retour légal, dit-il, n'entraine pas la saisine héréditaire, les personnes au profit desquelles il est ouvert ne sont cependant pas obligées de demander aux héritiers la délivrance des objets soumis à leur droit. Et elles sont autorisées à se mettre par elles-mêmes en possession de ces objets, à moins que de fait ces derniers ne les ait déjà appréhendés, cas auquel elles jouissent, pour en réclamer la restitution, d'une sorte d'action en pétition d'hérédité. » « Il est vrai, ajoutent MM. Aubry et Rau, que la saisine des héritiers, s'étend de sa nature, à tous les biens sans distinction, qui composent le patrimoine du défunt, et par conséquent aussi aux objets soumis au retour successoral. Ce qui semblerait entraîner la nécessité d'une demande en délivrance de ces objets. Mais comme aucune disposition légale n'impose, soit directement, soit indirectement, aux personnes qui ont droit au retour, l'obligation de demander la délivrance, on leur permet de se mettre elles-mêmes en possession. » — Ne peut-on pas se demander alors quelle est la nature de ce droit, d'après lequel on n'aurait pas besoin, pour se mettre en possession, de former aucune demande contre des personnes qui seraient saisies, de telle sorte qu'on pourrait faire cesser leur possession de sa propre autorité? Cette théorie n'est-elle pas étrange? Ne devrait-on pas dire plutôt, en s'appuyant sur une distinetion établie par M. Zachariæ lui-même, « le droit de retour légal forme, à côté de la succession ordinaire, une succession privilégiée et anomale, dont la dévolution a lieu en vertu d'une vocation spéciale, et qui a pour objet une classe particulière de biens. Par conséquent, l'unité de succession et d'hérédité, admise en règle générale par l'article 732, se trouve partiellement rompue par suite de l'établissement du droit de retour légal. » Or, cette distinction des deux successions, la succession ordinaire et la succession anomale, a existé dès l'instant de la mort; jamais il n'y a eu unité d'hérédité; jamais les héritiers appelés à la succession ordinaire n'ont eu aucun droit sur les biens composant la succession anomale; jamais ils n'ont été saisis. L'ascendant donateur seul a pu l'être; et il l'a été en vertu de l'article 724, ainsi que l'enseigne Chabot et Marcadé; l'article 724, en effet, établit deux classes d'héritiers, la première est celle des héritiers légitimes, qui sont saisis. de plein droit, des biens, droits et actions du défunt; la seconde est celle des successeurs irréguliers qu'il énumère, à savoir les enfants naturels, l'époux survivant et l'État, lesquels doivent se faire envoyer en possession par la justice. Le législateur, développant son idée, traite ensuite, dans le chapitre III, des héritiers légitimes, et dans le chapitre IV, des successeurs irréguliers. — Or, dans quel chapitre parle-t-il de l'ascendant donateur? — Dans le chapitre III, c'est donc un héritier légitime, c'est-à-dire un héritier auquel est accordé le bénéfice de la saisine.

Le même article 724, qui accorde aux héritiers légitimes le bénéfice de la saisine, leur impose l'obligation d'acquitter toutes les charges de la succession. Or, nous venons de dire qu'il est applicable à l'ascendant donateur. Celui-ci ne pourra donc exercer le retour légal qu'à la charge de contribuer au paiement des dettes du défunt; et si l'article 747 ne s'est pas expliqué à cet égard, c'est que le législateur a pensé qu'une disposition expresse était inutile en présence de principes récemment établis. Du reste, s'il était nécessaire de confirmer cette obligation pour l'ascendant donateur de contribuer au paiement des dettes du défunt, il me suffirait de rapprocher l'article 351, qui offre un argument d'analogie tout-puissant. Cet article suppose qu'un enfant adoptif est décédé sans postérité, et il appelle le père adoptif à reprendre dans sa succession les choses qu'il lui avait données; on y trouve donc, comme dans l'article 747, un ascendant donateur reprenant les choses par lui données dans la succession de son descendant; or, l'article 351 dit expressément que ce droit de retour sera exercé par l'adoptant « à la charge de contribuer aux dettes. »

On déterminera la part que l'ascendant donateur devra supporter dans les dettes et charges de la succession en évaluant les choses qu'il reprend comparativement aux autres biens de l'hérédité, afin d'appliquer l'article 870 C. N. : « Les cohéritiers contribuent entre eux au paiement des dettes et charges de la succession, chacun dans la proportion de ce qu'il y prend. »

Mais cet article 870 ne règle que les rapports des héritiers entre eux; il reste à examiner les droits des créanciers : l'ascendant donateur peut-il être poursuivi directement par eux? Peut-il l'être même *ultrà vires emolumenti*? Sur la première question, il ne peut y avoir difficulté, et personne n'a jamais refusé aux créanciers du donataire une action directe contre l'ascendant donateur. Mais sur la seconde on est loin de s'entendre; les controverses qu'elle excitait dans l'ancien droit se reproduisent aussi vives chez les auteurs modernes. Mais il me semble qu'à l'aide des principes que j'ai posés précédemment, la solution devient facile. L'existence du droit de retour, ai-je dit, rompt l'unité de succession établie par l'article 732; le décès du donataire donne ouverture à deux successions distinctes, dévolues à des personnes différentes, mais appelées au même titre d'*héritières* à leurs droits respectifs. De sorte que l'ascendant donateur joue, par rapport à la succession anomale, le rôle que les autres héritiers jouent par rapport à la succession ordinaire. Or, si ces derniers ont deux manières d'accepter, l'acceptation pure et simple, qui les oblige à acquitter les charges de la succession même *ultrà vires emolumenti*, et l'acceptation sous bénéfice d'inventaire, qui permet à l'héritier, qui remplit les formalités voulues par la loi, de ne pas confondre son patrimoine avec celui du défunt, et de n'être tenu du paiement des dettes de la succession que jusqu'à concurrence de la valeur des biens qu'il a recueillis, pourquoi ces deux sortes d'acceptation ne seraient-elles pas applicables à l'ascendant donateur, puisque lui aussi a le titre d'héritier? — On oppose que l'ascendant donateur succédant à certains biens ayant une qualité déterminée, la qualité de biens donnés, ne succède point par conséquent à une universalité, mais à des choses particulières, et qu'un successeur à titre particulier ne saurait être tenu des dettes que comme détenteur d'une partie du patrimoine, en vertu du principe *bona non intelliguntur nisi deducto œre alieno.* — Mais ce raisonnement repose sur une base fausse; il n'est pas plus vrai de dire que la succession anomale ne peut constituer une universalité, parce qu'elle ne se compose que de certains biens ayant la qualité déterminée de choses données, qu'il ne serait vrai de dire que tous les meubles d'une succession, par exemple, ne pourraient être considérés comme une universalité, parce qu'ils ont la qualité déterminée de meubles. La succession anomale peut tout aussi bien constituer une universalité que la succession des propres, dans notre droit coutumier, qui, elle aussi, se composait de certains biens ayant une provenance déterminée. — Et l'héritier des propres, qui n'avait pas pris lettres d'inventaire, était tenu *ultrà vires emolumenti.* Enfin, si l'ascendant donateur était, comme on le prétend, un successeur à titre particulier, il ne faudrait pas s'arrêter à cette simple conséquence qu'il ne pourrait pas être tenu *ultrà vires emolumenti*, mais aller jusqu'à dire qu'il ne peut même être tenu d'aucune dette; car il est de principe que le successeur à titre particulier ne contribue pas aux charges de la succession. Je conclus donc en disant que l'ascendant donateur, étant tenu comme héritier de contribuer au paiement des dettes du défunt, devra, pour restreindre, les poursuites des créanciers aux biens qu'il aura recueillis, remplir les formalités de l'acceptation bénéficiaire (1).

Le droit de poursuite au profit des créanciers étant admis contre l'ascendant donateur, on doit maintenant se demander dans quelle proportion chaque créancier pourra agir contre lui. Il est de principe que les créances se divisent de plein droit entre les héritiers du débiteur, dans la proportion de ce que chacun d'eux est appelé à recueillir dans la succession. L'ascendant donateur ne devra donc être tenu que d'une fraction de chaque dette, correspondant à la fraction du patrimoine entier que représente la succession anomale. Mais les créanciers ne peuvent connaître cette fraction, *à priori*, puisqu'elle ne peut être déterminée qu'en comparant le chiffre de la masse totale des biens avec celui de la succession anomale; comment limiteront-ils donc leur action? Il faut bien leur donner un mode quelconque de détermination; car on ne peut, sans porter atteinte à leurs droits, les forcer d'attendre que la liquidation ait fixé la part contributoire de chaque héritier. Le droit coutumier, qui avait eu beaucoup à se préoccuper de cette difficulté, puisqu'elle se présentait sans cesse, grâce au système de division des successions, en raison de l'origine des biens, l'avait résolue en accordant aux créanciers le droit de poursuivre chaque héritier pour sa *part virile*. Cette solution a même été textuellement reproduite dans l'article 873 C. N.; seulement on ne l'applique pas dans les cas ordinaires, parce qu'elle n'est plus conforme à notre système général de successions, auquel l'article 1220 est au contraire approprié; mais, dans le cas particulier de l'article 747, il me semble qu'elle

(1) Conf. Merlin, v° *Reversion*, sect. 2, § 2; Chabot, sur l'art. 747, n° 15, Delvincourt, II, p. 34; Toullier, IV, n° 236.

doit reprendre son empire, puisqu'elle recouvre toute son utilité. Chacun des héritiers pourra donc être poursuivi pour sa part *virile*, sauf à celui qui serait ainsi obligé de payer quelque chose au-delà de sa part contributoire, à recourir contre ses cohéritiers.

Au surplus, ce qui précède n'est relatif qu'à l'action personnelle des créanciers contre les différents héritiers; mais si un des biens, que reprend l'ascendant donateur, était grevé d'une hypothèque, l'action hypothécaire pourrait évidemment être exercée sur cet immeuble, même au-delà de la part que l'ascendant devrait supporter dans les dettes, sauf son recours contre les autres héritiers, conformément à l'article 875 C. N.

Il peut arriver que l'ascendant donateur soit appelé à la fois à la succession anomale et à la succession ordinaire, alors comme ces deux successions sont parfaitement distinctes, il pourra accepter ou répudier l'une d'elle, sans accepter ou répudier l'autre. Cependant cette conséquence si logique de la distinction des deux successions est contestée par quelques auteurs. Pothier et Delvincourt enseignent que, quand on est appelé en même temps à la succession anomale et à la succession ordinaire, on ne peut accepter ou répudier l'une sans accepter ou répudier l'autre; ils se fondent sur ce que l'on ne peut être héritier pour partie : « *Hæreditas pro parte adiri, pro parte repudiari non potest.* » Mais cette maxime n'est faite que pour le cas où il s'agit d'une seule succession, dont on ne voudrait recueillir qu'une certaine fraction; tandis que, dans le cas qui nous occupe, on accepte ou répudie une hérédité tout entière (1). Cette question semble, au premier abord, n'avoir aucune utilité pratique. Quand il y aura avantage à ré-

(1) Conf. Toullier, IV, n° 237; Chabot, sur l'art. 747, n° 16; Duranton, VI, n° 210; Aubry et Rau, § 640 bis; Marcadé, art. 747, n° 12,

pudier une des successions, n'y aura-t-il pas avantage aussi à répudier l'autre, ou quand l'une d'elles sera bonne, l'autre ne le sera-t-elle pas aussi? Quel intérêt l'ascendant donateur aura-t-il donc à scinder son acceptation ou sa répudiation? Ordinairement il aura intérêt à tout répudier ou à tout accepter; cependant on peut concevoir diverses espèces où il lui sera utile de distinguer. Si nous supposons, par exemple, que l'ascendant donateur ait de son côté reçu du donataire des libéralités faites sans clause de préciput, en venant à la succession ordinaire, il serait soumis au rapport, et ce rapport pourrait lui faire perdre plus qu'il n'aurait à profiter de la succession. S'il ne vient au contraire qu'à la succession anomale, il ne sera pas soumis au rapport, car ce rapport n'est dû qu'entre cohéritiers, entre lesquels la loi veut conserver l'égalité, et il ne peut être question d'égalité en matière de succession privilégiée. — Il pourrait arriver aussi que l'ascendant donateur fût attaché aux choses qu'il avait données à son descendant, et que, dans le désir de les conserver, il consentît à faire un sacrifice, qu'il ne voudrait pas accroître par l'acceptation de la succession ordinaire. — L'ascendant donateur peut encore renoncer à la succession ordinaire dans l'intention d'enrichir un parent, tout en conservant la succession anomale. — Enfin, Chabot cite le cas où l'ascendant, après avoir pris les biens donnés, s'apercevrait que la succession est onéreuse, et voudrait lui rester étranger.

Lorsqu'on admet que l'on puisse accepter l'une des deux successions sans accepter l'autre, on doit alors se demander si au moins l'acceptation de l'une ne fait pas supposer l'acceptation de l'autre. Toullier soutient l'affirmative; mais cette solution me semble trop rigoureuse. Sans doute il est naturel de penser que l'ascendant qui accepte l'une a l'intention d'accepter l'autre; mais cela n'est pas certain ; et, aux termes de l'article 678 C. N., l'acceptation tacite d'une succession ne peut résulter que d'un acte qui suppose *nécessairement* son intention d'accepter, et qu'il n'aurait droit de faire qu'en sa qualité d'héritier.

Lorsque l'ascendant donateur est appelé à la succession ordinaire en concurrence avec d'autres héritiers, on commence par prélever les choses soumises au retour légal, c'est-à-dire qu'on sépare la succession anomale de la succession ordinaire ; l'ascendant donateur recueille seul la première, puisqu'il y a droit à l'exclusion de tous autres, aux termes de l'article 747, et il concourt dans le partage de la seconde, comme si elle seule eût existé (1).

De ce que les biens soumis au retour légal constituent une succession distincte de la succession ordinaire, on peut tirer encore les conséquences suivantes : 1° qu'il n'existe entre l'ascendant donateur, appelé à la succession anomale et les héritiers appelés à la succession ordinaire, aucun rapport d'indivision, et dès lors il ne peut être question entre eux d'exercer le retrait successoral établi par l'article 841 ; 2° que la renonciation des héritiers auxquels est dévolue la succession ordinaire, ne donne ouverture à aucun droit d'accroissement en faveur de l'ascendant donateur. Mais la réciproque ne serait pas vrai, et la renonciation faite par l'ascendant donateur profiterait aux héritiers ordinaires ; car cette renonciation aurait pour effet de faire considérer la succession anomale comme n'ayant jamais existé, et il ne pourrait plus être question de distraire de la succession ordinaire les biens qui avaient été donnés au défunt.

C'est encore sur la division du patrimoine du descendant donataire en deux successions parfaitement distinctes que je m'appuierai pour résoudre la question de savoir si

(1) Toullier, n° 238. Chabot, n° 6.

les biens donnés doivent être compris dans la masse sur laquelle se calcule la réserve, et s'ils peuvent être employés pour la parfaire. Mais d'abord je remarquerai que, pour que la question puisse être posée, il faut supposer que l'ascendant donateur ait accepté la succession anomale, car s'il l'avait répudiée, elle serait censée n'avoir jamais existé, et il n'y aurait plus lieu à distinguer dans le patrimoine du défunt les biens qui lui auraient été donnés. D'un autre côté j'admettrai dès à présent comme certain, sauf à le prouver plus tard, que l'on ne peut avoir droit à une réserve en qualité de donateur. Ceci posé, voyons quelles hypothèses peuvent se présenter. L'ascendant donateur peut être le seul héritier réservataire, ou être réservataire conjointement avec d'autres ascendants, ou enfin n'être pas réservataire, tandis qu'un autre ascendant ou d'autres ascendants le seraient. La solution doit être la même dans tous les cas : les biens composant la succession anomale doivent toujours rester parfaitement étrangers à l'évaluation et à l'acquittement de la réserve. La réserve, en effet, est une fraction de *succession ab intestat* que la loi assure à certains héritiers ; elle ne peut donc comprendre que des biens faisant partie de la succession à laquelle ces héritiers sont appelés. Or, les biens donnés ne font pas partie de la succession dévolue aux héritiers ordinaires seuls réservataires. Ils ne sont donc pas compris dans la réserve. On ne pourrait même pas les comprendre fictivement dans la masse sur laquelle on la calculerait, parce que le résultat que l'on obtiendrait alors serait, non pas une fraction de la succession à laquelle les réservataires sont appelés, mais une fraction de deux successions à l'une desquelles ils sont étrangers. Et cela est vrai alors même que c'est l'ascendant donateur lui-même qui est réservataire, car la réunion sur sa tête des deux titres d'héritier ordinaire et d'héritier privilégié n'empêche pas qu'il n'y ait toujours deux successions distinctes, et que la réserve ne soit une fraction de la succession ordinaire. Qu'on ne demande donc pas à l'ascendant donateur d'imputer sur sa réserve d'héritier ordinaire les biens qu'il recueille comme héritier privilégié. Qu'on ne dise pas avec M. Duranton : « C'est par droit de succession et comme héritier que l'ascendant recueille les biens donnés ; or, tout ce qu'un héritier prend à ce titre s'impute sur sa réserve..... » Ce serait confondre deux hérédités parfaitement distinctes ; et autant vaudrait dire que je dois imputer sur la réserve à laquelle j'ai droit dans la succession de Paul, les biens que j'ai recueillis à titre d'héritier de Pierre. Sans doute on doit imputer sur sa réserve tout ce qu'on prend à titre d'héritier, mais il ne s'agit que de ce qu'on prend à ce titre dans la succession sur laquelle on prétend avoir un droit de réserve. Or, c'est sur la succession ordinaire que l'ascendant a un droit de réserve, et c'est comme héritier de la succession anomale qu'il prend les biens qu'il avait donnés.

II.

Quels sont ceux qui peuvent exercer le retour légal ?

Le droit de retour légal établi par l'article 747 est un droit exceptionnel qui n'a été accordé qu'à ceux qui réunissent à la qualité de donateur celle d'ascendant du donataire. Comme droit exceptionnel, il ne saurait être étendu au-delà des cas pour lesquels il est expressément établi par la loi ; mais il ne doit pas non plus être restreint plus que ne l'a voulu le législateur. Aussi, comme la loi ne distingue pas entre les ascendants donateurs, il faut l'accorder aux père et mère naturels comme aux ascendants légitimes. Cette décision, qui a fait difficulté dans l'ancien droit, n'est contestée aujourd'hui que par Malpel. La question du reste n'a guère d'intérêt, quand un seul des parents a reconnu l'enfant, puisque, si ce parent ne prend pas les choses qu'il a données en vertu de l'article 747, il pourra les recueillir comme héritier en vertu de l'article 765 ; le seul avantage qu'il pourrait alors retirer de l'article 747 serait la faculté de n'accepter qu'une seule des successions, s'il le jugeait convenable. Mais la question est importante, quand l'enfant naturel a été légalement reconnu par son père et par sa mère ; car alors on doit se demander si celui de ses père et mère, qui lui aurait fait une donation, aurait le droit de prélever les choses par lui données, pour ensuite partager le reste. La seule raison que l'on ait invoquée pour refuser le droit de retour au père naturel est tirée de la place qu'occupe l'article 747, au milieu des successions légitimes. Mais on ne saurait tirer un argument sérieux de la position d'un article qui traite d'une matière toute différente de celle des articles qui l'entourent. L'article 747 a été placé dans la section qui traite de la succession déférée aux ascendants *légitimes*, parce que c'est en s'occupant de cette matière que le législateur a été appelé à songer au droit de retour; on a jeté l'article 747 dans cette section, comme on l'eût placé dans toute autre, dès que l'occasion de le décréter s'est présentée. On ne peut donc rien conclure de sa position ; et on ne pourrait pas non plus réveiller les deux arguments invoqués dans l'ancien droit par Lebrun, car ils ne pourraient s'accorder avec les nouveaux principes de notre législation. Le premier, en effet, était fondé sur ce que la loi ne reconnaissait pas les bâtards, et qu'elle ne s'occupait de leur succession que pour la déférer au fisc. Mais d'après le code Napoléon les père et mère naturels sont appelés à succéder à leurs enfants naturels. Le second reposait sur cette considération que le droit de retour était pour les parents une compensation de l'obligation qui leur était imposée de doter leurs enfants; or, cette considération ne saurait être fondée maintenant que l'obligation de doter n'existe pour personne. Toutes les raisons pour lesquelles le droit de retour a été établi se rencontrent au contraire en faveur du père naturel aussi fortes qu'en faveur du père légitime. Le père naturel n'a-t-il pas besoin comme l'ascendant légitime d'être consolé de la perte de son enfant? N'est-il pas convenable de l'encourager comme l'ascendant légitime à se dépouiller au profit de son enfant, en lui garantissant le retour des biens donnés dans le cas où il survivrait à ses enfants? Ferrière, dans son commentaire de l'article 313 de la coutume de Paris, l'avait reconnu : « Les raisons du droit de retour n'ont pas moins lieu à l'égard du père naturel qui donne à ses enfants, qu'à l'égard du père légitime. » Et, du reste, Lebrun lui-même, après avoir combattu le droit du père naturel, finissait par avouer que la réversion en sa faveur n'était pas trop contre l'esprit du droit. Aujourd'hui on peut dire qu'il est tout-à-fait conforme à l'esprit du Code, puisque l'article 766 va jusqu'à accorder le droit de retour aux enfants légitimes du père naturel.

Je n'ai parlé que du père et de la mère naturels, et non d'autres ascendants du bâtard, parce que aux yeux de la loi le bâtard n'a pas en ligne ascendante d'autres parents que ses père et mère. La reconnaissance faite par le père ou par la mère est un acte étranger à l'aïeul. Si donc, celui-ci faisait une donation à l'enfant naturel, il ne pourrait jamais se prévaloir de l'article 747, parce que pour exercer le droit de retour, que cet article établit, il faut réunir deux qualités, celle d'ascendant et celle de donateur, et qu'il n'a que la dernière.

L'article 747 n'accorde le retour légal qu'à l'ascendant donateur, et lui mort, personne n'est appelé à l'exercer à sa place. « La réversion légale, disait Lebrun, n'est donnée précisément qu'à la commisération que la loi conçoit pour la personne du père qui perd son fils ou sa fille, et à qui il serait injuste de faire perdre encore la dot qu'il a constituée; et comme la loi suppose un père qui a négligé de stipuler la réversion, elle le secourt avec réserve et par pur principe d'humanité; et cette commisération ne regardant que la seule personne du père, la réversion ne passe pas au-delà de la personne du père, et est *pure personnelle.* » Mais ces mots : « la réversion est *pure personnelle* » ne doivent pas être pris dans un sens trop restreint. Ils signifient seulement que le droit de retour ne peut s'ouvrir qu'en la personne du donateur; mais lorsqu'il est ouvert en sa personne, il peut être exercé par d'autres que lui. Ainsi, si on suppose que l'ascendant donateur vienne à mourir, après l'ouverture du droit de retour, mais avant de l'avoir accepté ou répudié, il transmettra son droit à ses héritiers conformément à l'article 781 C. N., de sorte que ceux-ci pourront accepter la succession anomale de l'article 747 ou y renoncer, comme l'ascendant donateur l'aurait pu faire lui-même. Il faudrait aussi reconnaître aux créanciers de l'ascendant donateur le droit d'exercer son droit de retour dès qu'il serait ouvert, car aux termes de l'article 1166, « les créanciers peuvent exercer tous les droits et actions de leur débiteur, à l'exception de ceux qui sont exclusivement attachés à sa personne. » Et on ne saurait considérer le droit de l'article 747 comme un droit exclusivement attaché à la personne. Les causes sur lesquelles il est fondé sont bien personnelles, mais le droit en lui-même est purement pécuniaire. Les créanciers auraient même le droit de se faire autoriser par justice à accepter la succession anomale, alors que l'ascendant y aurait renoncé, si cette renonciation avait été faite en fraude de leurs droits, c'est-à-dire qu'on appliquerait l'article 788 C. N. Mais lorsqu'on fait annuler ainsi une renonciation frauduleuse, l'annulation ne produit d'effet qu'en faveur des créanciers et jusqu'à concurrence seulement de leurs créances ; et s'il reste des biens après le paiement des dettes, l'héritier qui a renoncé ne peut pas en profiter.

Sous l'empire du Code Napoléon, on n'a plus à se demander, comme dans notre ancien droit, si un ascendant d'un degré plus proche peut exclure le donateur de la succession anomale. L'article 747 tranche la question d'une façon positive : « Les ascendants succèdent, *à l'exclusion de tous autres*, aux choses par eux données à leur enfant décédé sans postérité..... » Ainsi l'aïeul paternel, succédera de préférence au père aux choses par lui données à son petit-fils. Le fils de l'aïeul donateur ne pourrait même pas jouir du droit de retour dans le cas où l'aïeul serait mort avant le donataire, car il ne réunirait pas sur sa tête la double qualité de donateur et d'ascendant.

Deux époux peuvent avoir doté conjointement leur enfant, on se demande comment se réglera le droit de retour ; il faut distinguer plusieurs hypothèses, examiner si dans le contrat les constituants ont ou non déclaré quelle était la portion de la dot que chacun d'eux entendait prendre à sa charge. Mais la question se ramènera toujours à celle-ci : quelle est la part contributoire de chaque époux ? Chacun d'eux aura droit au rapport de cette part.

Supposons d'abord le cas le plus simple : les époux en dotant conjointement ont déclaré quelle était la portion pour laquelle chacun d'eux entendait contribuer à la dot. Dans ce cas, il ne saurait y avoir difficulté, les parties ont fait connaître elles-mêmes ce qu'elles donnaient, et, par suite, ce qu'elles avaient le droit de reprendre dans la succession du donataire mort sans postérité.

Si, en dotant conjointement, les époux ne se sont pas expliqué sur la part que chacun d'eux entendait prendre à sa charge, on recourt aux présomptions établies par les articles 1438 et 1544 C. N. « Si le père et la mère, dit l'article 1438, ont doté conjointement l'enfant commun, sans exprimer la portion pour laquelle ils entendaient y contribuer, ils sont censés avoir doté chacun pour moitié, soit que la dot ait été fournie ou promise en effets de communauté, soit qu'elle l'ait été en biens personnels à l'un des époux. » Il n'est intéressant de savoir si les biens donnés sont des biens propres ou des biens de communauté, qu'au point de vue du règlement des droits respectifs des constituants. L'article 1438 ne statue que pour le cas où les époux qui constituent la dot sont mariés sous le régime de la communauté; mais l'article 1544 établit pour les époux mariés sous le régime dotal la même présomption de constitution pour moitié; et il est évident qu'on devra l'étendre aussi, à défaut de disposition spéciale, aux cas où les constituants seraient mariés sous le régime sans communauté ou sous celui de la séparation de biens; car elle est fondée sur un principe général : « In dubio, viriles partes deberi, si plures promiserint. » L. 11, § 2, D. *de duobus reis.*

Il peut se faire que la femme ait droit au retour légal pour moitié de la dot, alors même qu'elle n'aurait pas figuré au contrat de mariage : cela peut arriver dans le cas où le mari aurait doté l'enfant commun en effets de la communauté. « La dot constituée par le mari seul à l'enfant commun en effets de la communauté, est à la charge de la communauté; et dans le cas où la communauté est acceptée par la femme, celle-ci doit supporter la moitié de la dot, à moins que le mari n'ait déclaré expressément qu'il s'en chargeait pour le tout, ou pour une portion plus forte que la moitié. » Art. 1439 C. N. Si donc l'enfant donataire vient à mourir avant la dissolution de la communauté de ses père et mère, c'est la communauté qui exercera le droit de retour légal; car c'est elle qui a doté. — La communauté est-elle dissoute, au contraire, au moment de la mort du donataire; on distingue si la femme a accepté ou répudié la communauté : dans le premier cas, elle serait censée avoir doté pour moitié (à moins, bien entendu, que le mari, comme le dit l'article 1439, n'ait déclaré se charger de la dot pour une portion plus considérable que la moitié), étant censée avoir doté pour moitié, elle aurait le droit de retour pour moitié. Si elle répudiait la communauté, le mari serait censé avoir toujours été seul propriétaire des biens qui composaient cette communauté, et par conséquent avoir doté seul, et seul il aurait droit au retour et pour le tout.

En dehors de cette hypothèse où la dot est constituée en effets de communauté, la constitution faite par le mari seul ne pourra jamais affecter que ses biens personnels, et partant ne créer de retour qu'à son profit. Ainsi l'article 1428 lui refuse le droit d'aliéner les biens propres de la femme; et l'article 1844, dans sa seconde partie, dit, quant aux époux mariés sans le régime dotal, que, « si la dot est constituée par le père seul pour droits paternels et maternels, la mère, quoique présente au contrat, ne sera point engagée, et la dot demeurera en entier à la charge du père. »

Enfin, il peut arriver que le survivant de deux époux ait doté l'enfant commun, en déclarant qu'il constitue la dot pour biens paternels et maternels, comment interprétera-t-on une semblable disposition? Dans quelle proportion sera-t-il censé avoir doté sur ses biens personnels? L'empereur Léon décidait dans ce cas que la dot devait être prise moitié sur les biens du constituant, moitié sur les biens de la fille. Justinien au contraire résolvait la question par une distinction; si le constituant était riche, la dot se prenait d'abord sur ses propres biens; et, s'il était pauvre, d'abord sur les biens de la fille. L. *ult. C. de dotis promis-*

sione. Enfin, l'article 1545 C. N. a adopté un troisième système qui me semble bien plus rationnel : « Si le survivant des père ou mère constitue une dot pour biens paternels et maternels, sans spécifier les portions, la dot se prendra d'abord sur les droits du futur époux dans les biens du conjoint décédé, et le surplus sur les biens du constituant. » Il est naturel en effet de supposer que celui qui déclare constituer la dot pour biens paternels et maternels, a voulu seulement assurer à l'enfant le complément de la dot promise. Ainsi un époux survivant a constitué en dot à l'enfant commun 100,000 francs; la succession de l'époux prédécédé procure à l'enfant 60,000 francs; le survivant a donné 40,000 francs; c'est sur cette somme qu'il pourra exercer le retour légal. — Mais l'article 1545, par la place qu'il occupe dans le chapitre qui traite du régime dotal, semblerait ne devoir s'appliquer qu'au cas où les père et mère auraient été mariés sous le régime dotal, seulement on ne doit pas s'arrêter à cette considération ; le régime sous lequel les époux étaient mariés ne peut exercer aucune influence sur l'interprétation d'un acte, qui s'accomplit après la dissolution du mariage, après que ce régime a cessé d'exister. La règle interprétative de l'article 1545 est aussi raisonnable dans un cas que dans l'autre; son application doit donc être générale. Si elle a été placée dans le chapitre du régime dotal, c'est parce qu'on l'a empruntée aux jurisconsultes des pays de droit écrit.

III.

Dans quel cas le droit de retour est-il ouvert et peut-il s'exercer?

Le droit de retour s'ouvre au profit de l'ascendant donateur par le prédécès du donataire mort sans postérité. La mort civile produisait à cet égard le même effet que la mort naturelle; car il s'agit d'un droit de succession, et suivant l'art. 718 C. N., « les successions s'ouvrent par la mort naturelle et par la mort civile. » L'art. 25 est même plus explicite encore : « Par la mort civile, le condamné perd la propriété de tous les biens qu'il possédait ; sa succession est ouverte au profit de ses héritiers auxquels *ses biens sont dévolus de la même manière que s'il était mort naturellement* et sans testament. » Or, s'il était mort naturellement, l'ascendant donateur aurait succédé aux choses par lui données à l'exclusion de tous autres, en supposant, bien entendu, que le condamné n'eût pas laissé de postérité. Il a pu y avoir difficulté sur ce point dans les pays de droit écrit, où le retour légal était considéré comme s'exerçant en vertu d'une condition résolutoire tacite, parce qu'on pouvait dire alors que cette condition tacite devait être accomplie de la manière que les parties avaient vraisemblablement prévue ; et la mort civile, événement tout-à-fait exceptionnel, ne pouvait être entrée dans leurs prévisions. Mais cette objection ne pourrait être faite sous l'empire du Code Napoléon, puisque ce Code admet le droit de retour, non à titre de résolution de la donation, mais à titre de succession privilégiée.

Aujourd'hui, du reste, la mort civile n'existe plus; la discussion qui précède ne saurait donc s'appliquer qu'aux successions ouvertes par la mort civile avant la mise à exécution de la loi du 31 mai 1854.

Il faut remarquer que l'ascendant donateur a, comme tous autres héritiers, le droit de provoquer la déclaration d'absence du donataire et de demander l'envoi en possession provisoire des biens auxquels il est appelé à succéder aux termes de l'art. 747 ; cela résulte de la généralité des expressions employées par les art. 115, 120 et 121, et c'est ce qu'a reconnu un arrêt rendu par la cour de Nancy le 31 janvier 1833.

Pour que le droit de retour puisse s'exercer, il faut que le donataire soit mort *sans postérité*. — L'interprétation de ces mots *sans postérité* a donné lieu à de graves difficultés. Doit-on comprendre dans ce mot *postérité* seulement la descendance légitime du donataire, ou bien faut-il encore y comprendre ses enfants adoptifs et ses enfants naturels ? Je ne parle pas des enfants légitimés, car pour eux, il ne peut y avoir question, la loi les assimilant d'une façon absolue aux enfants légitimes proprement dits (art. 333 C. N.). La difficulté commence à l'égard des enfants adoptifs, dont la position dans la famille de l'adoptant est bien différente de celle des enfants légitimes ou légitimés. Ces derniers sont les descendants du donateur ; l'affection qu'il portait au donataire a dû se reporter sur eux ; il doit être heureux de les enrichir, comme il était heureux d'enrichir le donataire. L'enfant adoptif, au contraire, est un étranger pour l'ascendant de son père adoptif. L'adoption, en créant entre lui et ce dernier des rapports fictifs de filiation et de paternité, ne l'a cependant point fait entrer dans sa famille. Si donc, pourrait-on dire, la loi a voulu encourager les ascendants à se dépouiller au profit de leurs enfants, en leur assurant le retour de leurs biens dans le cas où leur postérité viendrait à s'éteindre, que cet encouragement que donne la loi elle-même ne soit pas un leurre ; ce qui arriverait, si la présence d'un enfant adoptif du donataire, étranger pour le donateur, suffisait pour empêcher le retour légal. Si, d'un autre côté, le législateur a voulu éviter qu'à la douleur que le donateur ressent de la mort de son enfant, ne vienne se joindre ce second chagrin de voir ses biens passer en des mains étrangères, ne serait-ce pas aller contre son esprit que de refuser le droit de retour quand le donataire ne laisse qu'un enfant adoptif? — Quelque puissantes que puissent être ces considérations tirées de l'examen des causes, qui ont fait établir le droit de retour, et que nous révèlent les lois 6, D. *de jure dotium*, et 4 C. *sol. matrimonio quem. d. pet.* Je n'hésite cependant pas à admettre que le retour doit être empêché par la présence de l'enfant adoptif : cela résulte, d'une manière évidente, de l'article 350 qui accorde à l'adopté, sur les biens de son père adoptif, « les mêmes droits que ceux qu'y aurait l'enfant né en mariage. » Sans doute, l'adoption est entre l'adopté et les parents de l'adoptant, *res inter alios acta*; mais de l'adopté à l'adoptant, elle produit les mêmes effets que la parenté légitime; l'adopté est bien compris dans la *postérité* légitime de l'adoptant; on ne peut donc pas dire que le donataire soit mort *sans postérité*, quand il a laissé un fils adoptif. Du reste, cette solution n'est pas aussi contraire à l'esprit de l'art. 747 qu'elle le semble au premier abord. La succession anomale ne s'ouvre, en effet, au profit de l'ascendant donateur que quand l'enfant donataire n'a pas disposé des biens donnés ; or, ne peut-on pas dire qu'il est tout aussi raisonnable de préférer à l'ascendant donateur un héritier que le donataire s'est créé par l'adoption, que l'héritier qu'il aurait pu se créer par un testament.

La question que je viens de résoudre au profit de l'enfant adoptif devient bien plus délicate lorsqu'on la pose pour l'enfant naturel. D'abord toutes les raisons que l'on peut faire valoir pour exclure l'enfant adoptif, en s'appuyant sur les motifs qui ont fait édicter la disposition de l'article 747, se présentent avec une force toute nouvelle, lorsqu'il s'agit d'exclure l'enfant naturel. L'enfant naturel n'est pas seulement un étranger pour l'ascendant donateur; sa présence dans la famille du donataire a été pour lui une injure, qu'il est dans l'esprit de la loi de punir. — Si le législateur a pensé qu'il convenait de consoler l'ascendant donateur en lui faisant retourner les biens qu'il a donnés, de préférence même aux frères du donataire qui peuvent être ses descendants à lui, comment ne pas comprendre que cette consolation lui devient plus nécessaire encore, quand il s'agit de lui éviter le chagrin de voir passer ces biens entre les mains d'un homme qui puiserait son droit dans un titre, qui lui rappelle la tache de sa famille, et réveille en lui une cruelle douleur. Et du reste sur quoi s'appuirait-on pour accorder à l'enfant naturel le droit d'empêcher le retour légal? Ce ne pourrait être que sur l'article 747, qui, seul, s'occupe de la succession exceptionnelle des biens donnés; ce ne serait qu'en le considérant comme compris dans le mot *postérité*, employé dans cet article. Or, si l'on rapproche l'article 747 des articles 748, 749 et 750, ses voisins, on voit que le mot *postérité* figure également dans ces articles, et avec un sens qui ne peut être autre que celui de *postérité* légitime; et comment comprendre que le législateur ait pu employer quatre fois de suite le même mot, sans lui donner toujours le même sens. Le mot *postérité* signifie donc seulement *postérité légitime* dans l'article 747. On peut donc décider sans inconséquence que l'enfant adoptif, qui jouit vis-à-vis de l'adoptant du titre d'enfant légitime, puisse empêcher le retour légal établi au profit de l'ascendant donateur, alors que cet ascendant exclura l'enfant naturel. Les arguments que je viens de faire valoir peuvent encore se corroborer par quelques analogies que présentent certaines dispositions du Code. Ainsi l'art. 351, qui traite aussi d'une sorte de retour légal au profit d'un ascendant, au profit de l'adoptant sur les biens par lui donnés à son fils adoptif, dit expressément que l'ouverture de ce droit est subordonné au prédécès de l'adopté mort sans *descendants légitimes*. Or, l'esprit de la loi ne doit-il pas être le même dans les deux cas? Le législateur, quand il a employé dans l'article 747 les mots « *sans postérité* », ne voulait-il pas exprimer la même idée, que quand il disait, dans l'article

351, « *sans descendants légitimes.* » Est-il besoin de citer encore l'article 960 qui nous montre que les donations sont révoqués par la naissance d'un enfant légitime, tandis qu'elles ne le sont pas par la naissance d'un enfant naturel? N'est-il pas prouvé dès lors qu'il n'est pas vrai de dire d'une manière générale que les enfants naturels jouissent d'une fraction des droits qu'ils auraient eu s'ils eussent été légitimes. Sans doute cela a lieu pour les droits de succession ordinaire sur les biens de leur père et mère, en vertu de l'article 757; mais cela n'existe pas hors du cas prévu par cet article, qui, malgré la généralité des termes qui y sont employés, ne peut être étendu à l'hypothèse prévue par l'article 747, car cette hypothèse est toute exceptionnelle, et comme telle échappe à l'application des régles générales. — La question que nous venons d'examiner s'est présenté devant les tribunaux; elle a été résolue en faveur de l'ascendant donateur par un arrêt de la cour de cassation, du 3 juillet 1832. Cependant l'opinion contraire est adopté par la généralité des auteurs. (Chabot, sur l'art. 747, nº 14; Toullier, IV, nº 240; Delvincourt, II; Malpel, nº 134; Favard, sect. 3, § 2; Duranton, VI, nº 219; Vazeille, nº 17; Poujol, nº 12; Marcadé, sur l'art. 747, nº 3; Zachariæ, III, p. 225).

Dans le cas où l'ascendant donateur serait le père naturel, le droit de retour serait empêché par la présence d'un enfant naturel reconnu; car dès lors qu'un ascendant légitime donateur est exclu par un descendant légitime, pourquoi préférerait-on un ascendant naturel donateur à l'enfant naturel? L'ordre des descendants est toujours préférable à l'ordre des ascendants. Et le motif d'injure qui fait écarter l'enfant naturel dans le cas d'un ascendant légitime, ne se trouverait pas dans l'espèce qui nous occupe.

Il parait qu'on a considéré dans l'ancien droit comme une question controversée celle de savoir si, dans le cas où une donation avait été faite en faveur d'un futur mariage, le droit de retour pourrait être exercé par l'ascendant donateur, lorsque le donateur mourrait sans enfants nés de l'union en vue de laquelle la donation avait été faite, et alors même qu'il existerait des enfants d'un autre lit. En effet, d'Olive, livre 3, chapitre 27, rapporte un arrêt du parlement de Toulouse, qui jugea que le droit de retour des choses données en faveur d'un second mariage devait avoir lieu au profit de l'aïeul donateur, quoiqu'il y eût des enfants du premier lit. « Le retour, dit d'Olive, fut reçu en faveur de l'aïeul, pour la dot qui avait été par lui constituée à sa fille, dans le contrat de son second mariage, outre et par-dessus la première constitution, nonobstant l'existence des enfants du premier lit. On jugea que cette nouvelle augmentation de dot, regardant le second mariage, ne concernait que les enfants qui devaient descendre de cette conjonction; que le constituant n'avait considéré que ces noces, qui étaient seules l'objet de sa libéralité; et que, par ce moyen, les enfants du mariage précédent, qui avait sa constitution séparée, n'avaient aucun droit d'empêcher le retour des biens à la donation desquels ils n'avaient jamais servi de motif ni de cause impulsive; que ce droit était grandement favorable, et que c'était bien assez de le faire cesser, contre l'opinion des plus grands interprètes, à la rencontre des enfants du mariage en faveur duquel la dot avait été constituée, sans que, par un nouvel effort, on le fît encore défaillir en un cas qui n'avait rien de semblable. » Mais Catellan rapporte, liv. V, ch. VIII, un autre arrêt du parlement de Toulouse, qui, dans un cas semblable, refusa le retour à l'aïeule donatrice; et c'était aussi l'avis de Lebrun, livre I, chap. V, sect. II.

Aujourd'hui on ne discute plus cette question : le législateur du Code Napoléon, en parlant d'une manière géné rale de la postérité du donataire, sans distinguer si la donation a été faite ou non en considération de tel ou tel mariage, montre suffisamment qu'il a adopté l'opinion de Lebrun. C'est ce qu'a décidé un arrêt de la cour d'Agen, en date du 10 février 1806.

Il faut remarquer que si les enfants ou descendants du donataire étaient incapables de recueillir la succession, ou s'ils en étaient écartés pour cause d'indignité, ou enfin s'ils y renonçaient, ils n'empêcheraient pas l'exercice du droit de retour légal; car, lorsque l'article 747 dit que, pour que le retour légal ait lieu, il faut que le donataire soit mort sans postérité, cela doit s'entendre *secundum subjectam materiam*, c'est-à-dire qu'on ne doit comprendre dans ce mot postérité, puisque nous sommes en matière de succession, que les enfants et descendants qui sont héritiers. Autrement les ascendants donateurs pourraient être exclus par d'autres ascendants ou des collatéraux, ce qui serait évidemment contraire à l'esprit de l'article 747, qui les préfère à tous parents autres que les descendants.

Lorsque les enfants du donataire ont recueilli dans sa succession les biens donnés, et qu'ensuite ils sont morts sans postérité avant l'ascendant donateur, celui-ci peut-il encore exercer le droit de retour sur les choses par lui données au père et qui se retrouvent dans la succession des enfants? Après de longues controverses, la doctrine et la jurisprudence semblent maintenant fixées sur la solution dans le sens de la négative (1). C'est aussi l'opinion

(1) Voir en ce sens : Chabot, Merlin, Grenier, Favard, Malpel, Duranton, Poujol, Conflans, Rolland de Villargues, Marcadé; — Agen, 28 février 1807; Toulouse, 9 janvier 1815; Cassation, 18 août 1818; Nîmes, 14 mai 1819; Cassation, 30 novembre 1819; Bastia, 25 juin 1838; Agen, 9 novembre 1847; Bastia, 21 août 1848. — *Contrà* : Malleville, Vazeille, Delaporte, Delvincourt; Toulouse, 16 avril 1810; Metz, 1er mars 1616.

qui me semble devoir être adoptée. Il ne faut pas perdre de vue, en effet, que le droit de retour légal constitue un droit de succession privilégié, qui, à ce titre, ne saurait être étendu au-delà du cas pour lequel il est expressément établi. Or, si nous examinons les termes de l'article 747, nous voyons que « les ascendants succèdent à l'exclusion de tous autres aux choses par eux données à leurs enfants *ou* descendants décédés sans postérité. » La particule *ou*, qui se trouve entre le mot *enfants* et le mot *descendants*, prouve que la condition à laquelle est subordonné l'exercice du droit de retour, n'est pas le prédécès des enfants donataires *et* de leurs descendants morts sans postérité; mais bien le prédécès de l'enfant donataire mort sans postérité, *ou* d'un autre descendant donataire mort sans postérité. En d'autres termes, l'ouverture du droit de retour légal n'est pas subordonné au prédécès de la postérité du donataire, mais au prédécès du donataire sans postérité. — Si le législateur a parlé des descendants après avoir parlé des enfants, c'est parce qu'il voulait faire entendre que le retour n'aurait pas lieu seulement en faveur du père donateur ou de la mère donatrice, mais encore en faveur de tous autres ascendants donateurs. Du reste, sur quels biens s'exerce le retour légal? — Sur les biens *donnés* aux enfants ou descendants décédés sans postérité; mais s'il s'exerçait dans la succession des descendants du donataire, on ne pourrait plus dire que les biens repris seraient des biens *donnés*, car ils auraient dans la succession où on les prendrait la qualité de biens héréditaires, et non celle de biens donnés.

Au surplus la fin de l'article 747 dit expressément que les ascendants « succèdent aussi à l'action en reprise que pourrait avoir *le donataire.* » C'est donc de la succession du donataire seul qu'il s'agit, autrement on eût ajouté : « ou le dernier descendant du donataire. » Si le législateur eut voulu que le retour eût lieu aussi bien dans la succession des enfants du donataire que dans la succession de celui-ci, il eût fallu qu'il se fût expliqué comme dans l'article 951, au sujet du retour conventionnel, « le donateur peut stipuler le droit de retour des objets donnés, *soit* pour le cas de prédécès du donataire seul, *soit* pour le cas du prédécès du donataire, *et* de ses descendants. » Et le législateur aurait d'autant plus senti le besoin de s'expliquer à cet égard, qu'il ne pouvait ignorer les controverses qui existaient sur cette matière dans l'ancien droit, notamment dans les pays de droit écrit. Enfin, il est si vrai que les termes de l'article 747 ont bien le sens que je leur donne, que M. Malleville lui-même, l'auteur du système adverse, reconnaît que « à suivre rigoureusement les termes de notre article, on ne pourrait s'empêcher de décider que le droit est éteint; car c'est par succession que l'ascendant reprend la chose donnée; il faut donc considérer uniquement l'état des choses tel qu'il est au moment du décès du donataire. Or, il est bien constant qu'à cette époque la réversion ne peut avoir lieu, puisque le donataire n'est pas décédé sans postérité. » Cette remarque de M. Malleville tranche entièrement la question contre lui; car, si l'interprétation que j'ai adoptée est la seule qui rentre dans les termes de l'article 747, je n'ai point besoin d'autre argument, puisqu'une disposition exceptionnelle ne saurait être étendue au-delà des termes dans lesquels elle est établie. Cependant on invoque en faveur de l'opinion de M. Malleville l'esprit de sa disposition. On a voulu, dit-on, que l'ascendant n'ait pas le double chagrin de perdre ses enfants et de voir les biens, dont il s'était dépouillé en leur faveur, passer en des mains étrangères, et cette considération est aussi puissante dans un cas que dans l'autre. Mais on peut répondre qu'il ne suffit pas d'un argument d'analogie de motifs pour faire admettre une disposition exceptionnelle.

M. Toullier l'a senti, aussi, pour soutenir l'opinion de M. Malleville, s'appuie-t-il surtout sur l'historique de l'article 747 : « Cet article, dit-il, n'a fait que renouveler la disposition des coutumes de Paris et d'Orléans presque dans les mêmes termes. L'article 313 de la coutume de Paris, dit, comme le Code, que les ascendants succèdent « aux choses par eux données à leurs enfants décédant sans enfants et descendants d'eux. » On pourrait dire sur ce texte de la coutume, comme M. Chabot l'a dit sur l'article 747, qu'il exigeait deux conditions : 1° que l'enfant donataire fût décédé ; 2° qu'il fût décédé sans enfants. En un mot, le raisonnement de M. Chabot s'applique au texte de la coutume de Paris aussi bien qu'à celui du Code ; et cependant, comme le remarque M. Malleville, il était de maxime à Paris comme dans tout le reste de la France en général, que l'ascendant donateur ne perdait son droit de succession aux choses données que lorsqu'à sa mort il existait des descendants du donataire. »

On peut répondre à M. Toullier que si l'interprétation que l'on donnait à l'article 313 de la coutume de Paris est bien celle qu'il indique, du moins il n'était pas admis dans toute la France en général, que l'ascendant donateur ne perdit son droit de succession aux choses données que lorsqu'à sa mort il existait des descendants du donataire, puisque, ainsi que nous avons déjà eu l'occasion de le dire, la question était si controversée dans la jurisprudence du droit écrit que la cour de cassation a déclaré qu'on n'y pouvait point reconnaître de règle fixe ; et de leur côté les auteurs y étaient en telle contradiction, que d'Expilly disait à cet égard qu'on aurait pu en faire deux armées combattant pour des systèmes contraires, et que la question était assez ambiguë pour qu'on pût soutenir de part et d'autre son opinion sans remords. Or, les rédacteurs du Code n'ignoraient point ces controverses ; ils savaient donc qu'ils avaient à opter entre deux systèmes, l'un généralement suivi en droit coutumier, l'autre ardemment défendu dans les pays de droit écrit, et lorsqu'ils ont fait un article dont les termes ne peuvent s'accorder qu'avec le dernier de ces systèmes, comment peut-on soutenir encore que c'est l'autre qui a été adopté? On a objecté encore que, dans les cas prévus par les articles 352 et 1089, le retour a lieu dans la succession des enfants du donataire comme dans la succession de celui-ci, que le législateur ne pouvait, sans être inconséquent, refuser la même faveur à l'ascendant donateur, dont parle l'article 747 ; et que dès-lors on devait considérer que ce n'est que par suite d'un oubli que cet article 747 n'a pas dit expressément que le retour légal aurait lieu dans la succession des enfants du donataire. Je répondrai que cet argument, fût-il fondé, ne serait guère décisif, car il ne suffit pas de reconnaître une lacune dans la loi, pour se croire autorisé à la combler, surtout quand il s'agit d'une matière exceptionnelle. J'irai plus loin : non-seulement l'argument n'est pas décisif, mais encore la base sur laquelle on l'appuie, à savoir l'analogie qui existerait suivant nos adversaires, entre les articles cités et l'article 747, n'est pas exacte. Le législateur en effet avait un motif particulier pour assurer au père adoptif le retour des choses par lui données à son fils adoptif. C'est qu'autrement ces biens seraient passés à des personnes complétement étrangères, et sans espoir pour le donateur d'en jamais rien recouvrer ; tandis que, dans le cas de l'article 747, il arrivera souvent que l'ascendant qui ne pourra pas recueillir les choses par lui données à titre de retour, en recouvrera une portion à titre de succession, et s'il n'y succède pas, c'est qu'il sera primé par des frères et sœurs du *de cujus*, ordinairement ses propres descendants, qui doivent partager l'affection qu'il portait au donataire, ou par un autre ascendant d'un degré plus proche, qui sera son propre descendant. Voilà pour l'article 352. Quant à l'argument tiré de l'article 1089, il est encore plus facile d'y répondre : il n'y a en effet aucune espèce d'analogie entre le cas prévu par cet article et celui prévu par l'article 747, ni quant à la qualité des parties, ni quant à la nature du droit à exercer. Il ne s'agit plus, dans l'article 1089 d'un privilége accordé aux ascendants ni d'un droit de succession ; l'espèce de retour, dont il est question dans cet article, s'opère en effet à titre de caducité de la donation, par suite d'une condition résolutoire tacite. Parlerai-je d'une dernière objection qui consiste à dire, que les donations faites par un ascendant à son descendant sont censées faites au profit des enfants de celui-ci ; de telle sorte qu'on peut les considérer eux-mêmes comme étant donataires, ce qui permettrait de dire que l'ascendant donateur, en exerçant le droit de retour dans leur succession, ne fait que reprendre les choses par lui données à son descendant mort sans postérité. La réponse est fournie par l'article 1081, qui dit d'une manière positive que les donations de biens présents (et ce n'est que de celles-là que parle l'article 747, puisque, ainsi que nous le verrons bientôt, la révocation des donations de biens à venir a ses règles particulières) non-seulement ne sont pas censées faites au profit des enfants, mais encore ne peuvent même pas être faites au profit des enfants à naître : «Toute donation entre-vifs de biens présents, quoique faite par contrat de de mariage aux époux ou à l'un d'eux..... ne pourra avoir lieu au profit des enfants à naître, si ce n'est dans les cas énoncés au chapitre VI du présent titre. » Ainsi, sauf le cas de substitution, on ne peut considérer les enfants comme donataires, et accorder aux ascendants donateurs le droit de retour dans leur succession.

IV.

Quelles choses sont soumises au droit de retour? — Dans quel état l'ascendant donateur les reprend-il?

Le mot *choses*, dans l'article 747, a le sens général, qui lui appartient naturellement, car nulle disposition ne l'a restreint : aussi on l'appliquera aux meubles comme aux immeubles. Il est vrai que l'interprétation généralement adoptée de l'article 313 de la coutume de Paris, ne l'appliquait qu'aux choses mobilières ; mais cela tenait à une raison qui n'existe plus aujourd'hui ; je veux parler de la distinction des biens en propres et acquêts. Dans l'origine on avait écarté les ascendants de la succession des propres : « Propre héritage ne remonte, » avait-on dit ; mais, plus tard, à la réformation, on entendit que cette exclusion ne s'appliquerait pas aux ascendants de la ligne d'où provient le propre, que l'ascendant succéderait aux choses par lui données. Le mot *choses* devait alors s'entendre d'un propre, c'est-à-dire d'un immeuble, car les immeubles seuls pouvaient avoir cette qualité de propres. Mais aujourd'hui la distinction des biens en propres et acquêts n'existe plus ; et il n'y a rien qui montre que le mot *choses* soit employé dans l'article 747 avec un sens restreint.

Du reste, le retour légal n'a pas lieu pour toutes choses *données*, il n'a lieu que pour celles qui ont fait l'objet d'une donation entre-vifs de biens présents. Quant aux donations de biens à venir, ou de biens présents et à venir, ou faites sous des conditions potestatives, qui sont permises en faveur du mariage, et dont il est parlé dans les articles 1082, 1084 et 1086 C. N., elles sont soumises à des règles particulières. L'article 1089 déclare qu'elles deviennent caduques quand le donateur survit à l'époux donataire et à sa postérité ; et cette caducité n'a aucun des caractères du retour légal. Ainsi lorsque le donateur ne s'est pas dessaisi des choses données, elle empêche que la donation produise jamais aucun effet; quand il a au contraire livré les choses données, elle lui permet de les reprendre, non à titre de succession, comme dans le cas de l'article 747, mais parce que la donation est censée non avenue. Il y avait une condition résolutoire tacite, qui s'est accomplie.

Quelquefois il sera difficile de savoir si la chose qui se trouve dans la succession du descendant s'y trouve bien par suite d'une donation, et est par conséquent soumise au droit de retour. Les actes peuvent être faits sous une forme déguisée; une donation, par exemple, peut avoir été qualifiée vente; dans tous les cas, il faudra, sans tenir compte de la qualification que les parties auront pu employer, rechercher le caractère intrinsèque de l'acte; et si on y reconnait une libéralité quand même, on lui aurait donné le nom de vente, on appliquera l'article 747. La réciproque peut également se présenter, un acte qualifié de donation entre-vifs pourrait renfermer cependant les caractères d'un acte à titre onéreux, il faudrait alors refuser le droit de retour. L'espèce s'est présentée devant la cour de Nancy, qui l'a ainsi jugé, le 31 janvier 1833. On peut aussi citer un arrêt de la cour d'Agen, en date du 12 juillet 1836, qui décida, au profit de la communauté des Ursulines de Sousseyrac, que le retour légal ne devait pas avoir lieu à l'égard des biens donnés par suite d'une convention passée entre la supérieure d'une communauté religieuse et le père d'une jeune fille, qui veut faire profession dans cette communauté, convention par laquelle le père s'oblige à payer entre les mains de la supérieure une somme déterminée, à titre d'aumône dotale, et la supérieure à pourvoir à tous les besoins de la jeune fille. On a reconnu à cette convention le caractère d'un contrat à titre onéreux, quoique l'expression d'aumône dotale, dont on la qualifiait, semblât supposer une sorte de donation.

A lire la première partie de l'article 747, il semble qu'on devrait prendre pour règle générale que les seules choses soumises au droit de retour sont celles qui se trouvent en nature, c'est-à-dire dans leur identique individualité, parmi les biens de la succession. Mais cette règle a besoin d'être développée : la fin même de l'article nous montre qu'il est certaines choses qui peuvent prendre la place de la chose donnée, de sorte que la formule de la première partie se trouve trop restreinte; et, d'un autre côté, elle est trop étendue, car nous verrons que la chose donnée, qui se retrouve dans la succession par suite d'un acte autre que la donation, n'est pas soumise au retour. Ainsi l'identique individualité de l'objet donné n'est pas nécessaire, mais elle n'est pas non plus suffisante. Quand peut-on donc dire qu'une chose se trouve dans la succession avec une qualité suffisante pour qu'on puisse la soumettre au droit de retour? L'article 747 accorde expressément le droit de retour : 1° sur les choses qui se retrouvent en nature dans la succession du donataire ; 2° sur le prix encore dû de celles qui auraient été aliénées ; 3° sur l'action en reprise par laquelle le donataire aurait pu faire rentrer le bien dans son patrimoine.

1° *Le droit de retour s'exerce sur les choses qui se trouvent en nature dans la succession du donataire.* — L'ascendant donateur n'ayant le droit de reprendre les choses par lui données que quand elles se retrouvent en nature dans la succession de son descendant donataire, il en résulte qu'il perd tout droit sur cette chose, quand elle a été aliénée. Et, en droit français, l'aliénation a lieu indépendamment de toute tradition, du moins quand elle a pour objet un corps certain. Ainsi, le retour ne pourra s'exercer sur les choses que le donataire aura vendues ou données, alors même qu'elles ne seraient pas encore livrées au moment de la mort. Et si l'aliénation est conditionnelle, le retour sera soumis à la même condition, c'est-à-dire que l'ascendant donateur sera, quant à la chose aliénée, héritier sous condition suspensive ou résolutoire comme le donataire en était propriétaire sous condition suspensive ou résolutoire. Mais je suppose que le donataire ait donné la chose qu'il avait reçue de son ascendant, et que la donation ayant été acceptée par acte séparé, la notification de l'acceptation n'a pas encore été faite, je crois qu'on pourra, de la part du nouveau donataire, faire cette notification à l'ascendant donateur, et, par là, compléter l'aliénation qu'avait faite le premier donataire. En effet, le contrat de donation doit être considéré comme formé par l'offre et l'acceptation, il y a concours des volontés, et, de plus, la manifestation de ces volontés s'est faite dans la forme authentique voulue par la loi. — Que reste-t-il à faire? Il reste seulement à porter à la connaissance du donateur l'acceptation, qui est faite; mais cette connaissance réciproque du consentement des parties n'a jamais été exigée pour aucun contrat : aussi, quand l'article 932 exige que l'acceptation soit notifiée au donateur, il ne subordonne pas d'une manière générale l'existence de la donation à l'accomplissement de cette formalité, il dit seulement que « la donation n'aura d'effet *à l'égard du donateur*, que du jour où l'acte qui constatera cette acceptation lui aura été notifié. » La donation existe, la propriété est transférée, seulement si le donateur, n'en tenant pas compte parce qu'il ignore l'acceptation, dispose une seconde fois de la chose donnée, le donataire est obligé de respecter cette disposition, parce qu'on ne veut pas que sa négligence à faire connaître son acceptation puisse exposer le donateur, dont la position est si favorable, à une action en garantie qui pourrait lui causer un grave préjudice. — Et qu'importe, dès lors, que la notification soit faite à l'héritier du donateur ou au donateur lui-même. Il ne faut donc accorder à l'ascendant donateur, héritier du premier donataire quant aux choses par lui données, que le droit qui restait à celui-ci de disposer jusqu'à la notification de l'acceptation, sans s'exposer à ce que son cocontractant puisse être évincé, et par suite avoir une action en garantie contre lui.

Le descendant donataire peut, sans disposer particulièrement des choses qu'il a reçues de son ascendant, consentir une aliénation à titre universel qui les enveloppe; il peut, par exemple, disposer de tous ses immeubles; tous les immeubles donnés ne se trouvent plus alors dans sa succession, le retour ne peut plus s'exercer sur eux; de même, s'il a disposé de tous ses meubles, tous les meubles donnés se trouveront aliénés. La disposition ne porte-t-elle que sur une quote-part des meubles ou des immeubles, par exemple, la moitié, la moitié des immeubles ou des meubles donnés ne sera plus dans le patrimoine du donataire, l'autre moitié seule sera soumise au retour.

Ce que je viens de dire s'applique non-seulement aux dispositions entre-vifs, qui constituent un dépouillement actuel et irrévocable, mais encore aux dispositions qui ne doivent produire leur effet qu'au décès, les institutions contractuelles, les legs. Cependant, quelques personnes ont contesté qu'une disposition testamentaire pût empêcher le droit de retour; mais l'opinion contraire est généralement admise dans la doctrine et la jurisprudence (1). En effet, l'exercice du droit de retour légal est subordonné à la condition que les biens donnés se retrouvent dans la succession du donataire. Or, les choses léguées ne sont plus

(1) Merlin, Duranton, Poujol, Delvincourt, Grenier, Toullier, Zachariæ, Marcadé. — Cassation, 17 déc. 1812; Riom, 12 fév. 1824; Montpellier, 31 mai 1825; Grenoble, 8 avril 1829; Cassation, 16 mars 1830, etc.

dans la succession, la propriété en a été transférée au légataire dès le moment de la mort du testateur (art. 1014 et 711 C. N.). Le descendant, donataire par le fait de la donation, était devenu *propriétaire* des choses données avec toute l'étendue des droits que ce titre confère; il avait, par conséquent, la libre disposition de ces choses : ce serait violer son droit que de lui refuser le droit de disposer par testament ; ce serait établir un droit de réserve qui n'est écrit nulle part dans la loi. Il ne peut même pas être question pour la succession anomale d'un droit de réserve sur une portion des biens donnés, comme il en existe une au profit des ascendants en général sur la succession ordinaire. Car si le droit de l'héritier ordinaire est basé sur le seul lien du sang, indépendamment de l'existence des biens dans le patrimoine du *de cujus*, au moment de sa mort, le droit de retour est en outre subordonné à cette condition que le donataire n'ait pas disposé des biens; or, si on a disposé, soit par donation, soit par testament, cette condition n'étant pas accomplie, le retour ne peut avoir lieu pour tout ce dont il a été disposé.

Il ne suffit pas, pour que le retour légal puisse s'exercer, que la chose donnée se retrouve en nature dans la succession, il faut qu'elle s'y trouve avec sa qualité de chose donnée par l'ascendant. « Que, si le donataire l'avait vendue, et que, quelques années après il la rachetât, le retour cesserait, parce que, l'ayant vendue, ce droit aurait été éteint *ipso jure*, et le père ou la mère survivant y succéderait, à l'exclusion de l'aïeul, à moins que la vente n'ait été faite en fraude et pour faire parvenir l'héritage au père ou à la mère, et même dans la succession *summo jure*, ce serait un acquêt, et l'héritier des meubles y succéderait, mais *ex æquitate*, il pourrait être adjugé à l'héritier des propres, comme s'il n'avait point été vendu par le donataire. »

« Que s'il l'avait vendu à faculté de rachat, et qu'il l'eût exercé, le retour aurait lieu sans difficulté. » Ferrière sur l'art. 315 de la Coutume de Paris. C'est aussi ce qu'enseigne Lebrun, dans son traité des successions, livre 1er ch. 5, sect. 2, nos 58 et suiv. Et il n'y a aucune raison pour ne pas suivre encore aujourd'hui cette théorie. Ainsi lorsque les biens donnés, aliénés d'abord par le donataire, seront ensuite rentrés dans son patrimoine, et se trouveront dans sa succession au moment de son décès, on distinguera : 1° si les biens ne sont rentrés dans les mains du donataire que *ex antiquâ causâ*, par suite d'une action en rescision ou en résolution de l'acte d'aliénation, par exemple, par suite d'une action en réméré, comme alors l'aliénation est censée non avenue, les biens se retrouvent dans la succession avec leur qualité primitive de biens donnés, et le droit de retour pourra s'exercer. — Sur ce premier point, il ne saurait y avoir controverse. — 2° Si les biens aliénés par le donataire sont rentrés dans son patrimoine, *ex causâ novâ*, par exemple, parce qu'il les a rachetés ou qu'il lui ont été donnés de nouveau, ou qu'il les a trouvés dans la succession d'un parent, alors je crois que le droit de retour ne pourra pas s'exercer. Si la chose donnée se retrouve encore dans la succession du donataire, ce n'est plus par suite de la donation qui avait été faite par l'ascendant, ce n'est plus comme chose donnée, *mutatione personæ mutatur qualitas et conditio rei*. Or, le droit de retour est un droit de succession ne portant que sur certains biens à raison d'une certaine qualité dont ils sont revêtus, celle de biens donnés; il est fondé sur ce qu'ils proviennent de l'ascendant, et ce motif n'existe plus si par suite d'un acte nouveau que le bien se retrouve dans la succession du donataire ; il n'y a plus aucune raison pour accorder alors le droit de retour, *cessante causâ, cessat effectus*. Du reste, pour se convaincre de la vérité de cette théorie, il suffit de voir les résultats auxquels conduirait nécessairement la solution contraire. Supposons, par exemple, que le donataire ait vendu la chose donnée et qu'à son décès le prix soit encore dû, et que d'un autre côté le bien soit rentré d'une façon quelconque dans le patrimoine du donataire, l'ascendant donateur ayant droit au prix encore dû de la chose donnée d'après l'art. 747 et à la chose elle-même, puisqu'elle se trouve dans la succession, pourrait donc reprendre plus qu'il n'aurait donné. Si on suppose que la chose, après avoir été aliénée par le donataire, lui soit de nouveau donnée par un autre ascendant, il y aurait alors deux droits de retour sur la même chose au profit de personnes différentes (1).

Ajoutons, conformément à ce que disait Ferrières, que le cas où l'aliénation ne serait pas sérieuse et n'aurait pour objet que de frustrer l'ascendant de son droit de retour, il faudrait considérer le bien comme n'étant jamais sorti du patrimoine du donataire. Il ne suffit pas, en effet, de manifester la volonté d'écarter un héritier légitime de sa succession pour qu'il s'en trouve exclu, il faudrait disposer en faveur d'un autre, et d'une façon sérieuse.

2° *Le droit de retour s'exerce sur le prix encore dû des choses aliénées par le donataire.*—L'ascendant donateur ne succède pas seulement aux choses qu'il a données, mais encore à certaines autres, que la loi y subroge, et d'abord au prix encore dû de celles que le donataire a aliénées. La créance de prix est en effet un enrichissement que le donataire a certainement retiré, au moins indirectement de la donation que lui a faite son ascendant ; il y avait par conséquent les mêmes raisons pour accorder le retour sur cette créance du prix que pour l'accorder sur la chose elle-

(1) Pour le retour : Duranton, Toullier, Delvincourt, Vazeille ; contre : Merlin, Chabot, Favard, Malpel, Dalloz, Zachariæ, Marcadé.

même si elle se fût trouvée dans la succession. Quoique habituellement on ne donne la qualification de prix qu'aux sommes d'argent, il a paru évident que l'on dût lui donner ici un sens général, et décider que le droit de retour s'exercerait sur des denrées ou toute autre chose que l'on aurait promis de payer au donataire en échange de la chose donnée. Mais l'ascendant donateur pourrait-il exercer son droit de retour sur la chose que le donataire aurait directement acquise en échange de celle qui lui avait été donnée? C'est une question que j'examinerai plus loin, en me demandant d'une manière générale s'il n'y a que la créance du prix ou l'action en reprise qu'il faille subroger à la chose donnée, s'il faut s'en tenir aux termes de l'article 747 ou s'il ne faut pas plutôt s'attacher à son esprit, et dire que l'ascendant a droit à toute chose dont le donataire s'est évidemment enrichi, par suite de la donation que lui avait faite son descendant.

L'art. 747, en disant que le retour a lieu pour le prix encore dû, indique suffisamment qu'il n'a pas lieu pour celui qui a été payé avant l'ouverture de la succession. Et cela s'explique par cette raison que l'argent que touche le donataire, comme prix de la chose qui lui avait été donnée et qu'il a vendue, se confond avec l'autre argent qu'il peut avoir, et que, par conséquent, il n'est point certain que celui qu'on trouve à son décès dans sa succession soit celui qui provient de la vente de la chose donnée. Mais peut-être faudrait-il, pour se conformer à l'esprit de la loi, accorder le retour dans le cas où il serait établi d'une manière incontestable, que le prix payé se trouve réellement dans la succession, comme lorsque ce prix aurait été touché par un mandataire qui en serait encore saisi au moment du décès du donataire.

3° *Le droit de retour s'exerce sur l'action en reprise que pouvait avoir le donataire.* — Les ascendants donateurs « succèdent aussi, dit l'art. 747, à l'action en reprise que pouvait avoir le donataire. » Par action en reprise, on entend toute action tendant à faire rentrer le bien dans le patrimoine.— *Qui habet actionem ad rem recuperandam, ipsam rem habere intelligitur.* Ainsi l'ascendant donateur succède aux actions en nullité du contrat pour vice de forme, incapacité, erreur, dol ou violence, à l'action en rescision pour cause de lésion, aux actions en résolution, telles que : action en réméré, action en résiliation pour défaut du payement du prix, action en révocation d'une donation pour inexécution des conditions. Il succède même à l'action en révocation d'une donation pour cause d'ingratitude ; car l'art. 957 C. N. permet aux héritiers du donateur de l'exercer, pourvu toutefois qu'elle ait déjà été intentée par le donateur ou qu'il soit décédé dans l'année du délit. Il peut se faire aussi que l'ascendant donateur profite de la révocation, pour cause de survenance d'enfants, d'une donation faite par son donataire, dans le cas où les enfants seraient morts avant le décès de celui-ci.

Si l'ascendant donateur peut exercer toutes les actions en reprise qu'avait le donataire relativement aux choses données, ce n'est, du reste, bien entendu, qu'à la charge de supporter toutes les dépenses qu'elles eussent imposées au donataire. Ainsi, dans le cas où il voudra exercer une action en réméré, il lui faudra rembourser le prix, les frais et loyaux coûts, les réparations nécessaires et celles qui ont augmenté la valeur du fonds (art. 1673), et il ne pourra pas imputer ces dépenses sur la portion de dettes qu'il doit supporter dans la succession, car il ne peut s'emparer de l'action en reprise que dans l'état où elle se trouve avec ses avantages et ses charges; puisque seul il profite de cette action, il ne peut pas imposer aux autres héritiers l'obligation de contribuer aux charges.

Il reste à examiner une sorte d'action en reprise, qu'il

convient de traiter avec plus de détails, c'est celle que peut avoir contre son conjoint un donataire marié, à raison des biens qui lui ont été donnés. Cette action en reprise doit comme toute autre retourner à l'ascendant donateur ; mais voyons dans quels cas elle peut avoir lieu.

Je suppose d'abord que le donataire soit marié sous le régime de la communauté : à la dissolution de leur communauté chaque époux a le droit de prélever sur la masse des biens (masse composée non-seulement des biens tombés dans la communauté en pleine propriété, mais encore de ceux dont elle ne jouit que comme usufruitière) : 1° ses biens personnels, qui ne sont point entrés dans la communauté, s'ils existent en nature, ou ceux qui ont été acquis en remploi ; — 2° le prix de ses immeubles qui ont été aliénés pendant la communauté, et dont il n'a point été fait remploi ; — 3° les indemnités qui lui sont dues par la communauté (art. 1470). Si donc la chose donnée est restée propre au donataire et n'a pas été aliénée, l'ascendant donateur la prélèvera comme le donataire l'aurait fait lui-même ; si la chose a été aliénée, il prendra la chose acquise en remploi ; si le remploi n'en a pas été fait, il prendra le prix. Si la chose, quoique propre, a été employée, par exemple, à payer une dette de la communauté, l'ascendant aura le droit de reprendre l'indemnité que la communauté doit au donataire. En un mot, l'ascendant donateur exerce à l'égard des choses données les mêmes reprises que pourrait exercer le donataire ; et il les exerce de la même manière : ainsi aux termes de l'article 1472 C. N. la femme peut exercer ses reprises, non-seulement sur les biens de la communauté, mais encore sur les biens personnels du mari ; l'ascendant donateur les exercera donc aussi, quant aux choses données sur ces biens du mari.

Le même article 1472 peut donner lieu à une théorie

assez bizarre : « La femme et ses héritiers, dit-il, en cas d'insuffisance de la communauté exercent leurs reprises sur les biens personnels du mari. » Ce droit qu'à la femme de se payer de ses reprises en prenant des biens de la communauté ou du mari ne peut s'expliquer qu'en supposant qu'il y a eu en quelque sorte aliénation tacite de la part du mari, au profit de la femme, des biens qui plairait à celle-ci de prendre en paiement; car ce n'est pas en vertu d'un simple droit de créance même hypothécaire ou privilégiée qu'on pourrait se mettre en possession des biens d'autrui. Ceci posé, voyons ce qu'il arriverait si le mari, ayant parmi ses biens propres des biens qu'il lui auraient été donnés par un ascendant, la femme venait, par suite de l'insuffisance des biens de la communauté, prendre en paiement de ses reprises les biens donnés. Doit-on dire dans ce cas que le droit de retour est complètement éteint? Chaque bien du mari était aliéné au profit de la femme sous la double condition de l'insuffisance des biens de la communauté et du choix à faire par la femme dans les biens du mari. Or, il y a insuffisance des biens de la communauté, le choix a tombé sur les biens donnés, la condition suspensive de l'aliénation est réalisée; ces biens appartiennent donc à la femme par l'effet d'une aliénation consentie par le mari. On ne peut pas dire dès lors qu'ils se trouvaient dans la succession de celui-ci; il n'y a donc pas eu de succession anomale. — Cependant cette solution si logique qu'elle soit aboutit à un résultat trop contraire à l'équité pour qu'on puisse l'admettre. En effet, les reprises de la femme sont en définitive une dette, une charge du patrimoine entier du mari. Si, par un privilége d'une nature toute particulière, on permet à la femme de se payer avec tels ou tels biens du mari, il n'en reste pas moins vrai que c'est une dette de la succession entière qui est acquittée. Or, dans le cas où l'ascendant donateur aurait payé dans son intégralité une dette, au paiement de laquelle l'immeuble donné aurait été, par exemple, hypothéqué, il aurait eu une indemnité à réclamer. Pourquoi n'aurait-il pas droit à la même indemnité, quand, au lieu d'être dépouillé avec toutes les formalités de l'expropriation sur saisie immobilière, il l'est d'une manière plus expéditive, par une prise de possession directe, que l'article 1472 permet à la femme ; dans les deux cas, c'est le même but qu'on veut atteindre, l'acquittement d'une dette, si les moyens sont divers, les résultats ne doivent pas l'être.

De même, dans le cas où la femme exercerait ses reprises sur d'autres biens que les biens donnés, les héritiers auraient le droit de demander à l'ascendant donateur qu'il les indemnise en proportion de son émolument, puisqu'en définitive ces biens ont servi à payer une charge de la succession, et que l'ascendant donateur est tenu de contribuer à ces charges *pro modo emolumenti*.

Supposons que la chose donnée à l'un des époux par un ascendant soit tombée dans la communauté, dans quels cas l'ascendant pourra-t-il exercer le retour? — Je dois remarquer d'abord que le seul fait d'avoir mis les biens donnés en communauté ne constitue pas une aliénation qui fasse perdre tout droit de retour. Il n'y a pas là aliénation complète. L'époux qui a mis la chose dans la communauté n'a pas perdu toute espèce de droit sur elle, il peut, lors du partage, rentrer dans la propriété de cette chose, et, lorsqu'il la recouvrera ainsi, il sera censé en avoir toujours été propriétaire. Lors donc que le partage de la communauté aura eu lieu du vivant de l'époux donataire, il ne pourra y avoir de difficulté, le retour aura lieu si la chose donnée est rentré dans son patrimoine, on se trouvera dans les termes mêmes de l'article 747, la chose se retrouve en nature dans la succession. Le partage n'est-il pas opéré au moment du décès du donataire, ce qui arrivera, par exemple, si c'est ce décès qui met fin à la communauté, l'ascendant donateur aura le droit d'y intervenir pour empêcher qu il ne soit fait en fraude de ses droits, ce que les héritiers ordinaires pourraient faire en mettant dans le lot de la succession exclusivement des biens autres que ceux qu'il avait donnés, afin de le priver du bénéfice de la réversion. Il a le droit de demander que les reprises portent proportionnellement sur les biens donnés, cela est de toute équité. — Si c'est le mari qui est donataire et que la femme ou ses héritiers renoncent à la communauté, par l'effet de cette renonciation tous les biens de la communauté sont censés avoir toujours appartenu au mari, l'ascendant donateur pourra donc exercer son droit de reprise sur tous les biens donnés.

Je dois dire aussi que, lorsque la femme exerce ses reprises par prélèvements sur les biens de la communauté, il est juste qu'elle ne les exerce sur les biens donnés mis dans cette communauté par le mari donataire, que proportionnellement à la masse.

La femme peut avoir des reprises à exercer sous d'autres régimes que celui de la communauté; son action en reprise pourra être aussi exercée par l'ascendant donateur, pour ce qui est des choses données. Ainsi, il pourra reprendre, soit les choses mêmes qu'il aura données si elles n'ont pas été aliénées, soit lorsque ces choses auront été aliénées, la valeur que le mari sera tenu de restituer, ou bien encore la chose acquise en échange.

Nous devons nous demander, maintenant, s'il n'y a que le prix non payé ou l'action en reprise qui puissent être considérés comme remplaçant les choses données et comme devant être, par conséquent, soumis au retour légal. L'affirmative semble seule conforme aux textes. On peut dire que le droit de retour est un droit tout exceptionnel que l'on doit interpréter strictement, et l'article 747 ne parle que des biens qui se retrouvent *en nature*, c'est-à-dire identiquement les mêmes, ou du prix qui n'est pas encore payé, ou de l'action en reprise; sur quelles autres choses pourrait-on dès lors l'accorder? Cependant, cet argument n'a point prévalu dans la jurisprudence ni même dans la doctrine. Cette manière étroite d'interpréter l'article 747 a paru trop contraire à l'esprit de la loi pour pouvoir être admise. Sans doute, la première partie de l'article 747 semble bien poser comme règle générale, que le droit de retour ne peut s'exercer que sur les choses mêmes qui ont été l'objet de la donation; mais le législateur lui-même a jugé cette règle trop restreinte, et il a ajouté aussitôt : « Si les objets ont été aliénés, les ascendants recueillent le prix qui peut en être dû. Ils succèdent aussi à l'action en reprise que pouvait avoir le donataire. » C'est-à-dire qu'il veut que ces choses, qui évidemment sont un profit provenant de la donation, fassent aussi retour à l'ascendant donateur, parce qu'il y a les mêmes motifs pour les lui accorder. — Or, rien ne montre que cette seconde partie de l'article soit limitative; on ne peut la considérer que comme énonciative, sinon le législateur serait inconséquent avec lui-même, car il est d'autres choses qui proviennent aussi évidemment de la donation que les deux qu'il indique, par exemple, les choses acquises en échange des choses données. La pensée du législateur a été celle-ci : L'ascendant donateur peut réclamer tout ce dont il a enrichi la succession du donataire, pourvu qu'il soit établi d'une manière certaine, incontestable, que c'est par l'effet médiat ou immédiat de la donation que cela se trouve dans cette succession. Sans doute, on ne doit pas étendre une disposition exceptionnelle au-delà de ce qu'elle contient, mais on doit aussi, d'un autre côté, l'entendre avec toute sa portée, *scire leges non est earum verba tenere, sed vim ac potestatem*. S'il résulte de l'article 747 que le législlateur ait voulu que le droit de retour comprît toute chose qui se trouve dans la succession incontestablement par l'effet médiat ou immédiat de la donation, on ne doit pas le restreindre à la lettre.

On n'est pas toujours d'accord sur les différends cas dans lesquels on devra admettre le droit de retour. Il faut donc parcourir les diverses hypothèses.

Supposons d'abord que la chose donnée a été échangée par le donataire. La chose acquise en échange est-elle soumise au droit de retour? — Il faut admettre l'affirmative, soutenue du reste par tous les auteurs, sauf M. Marcadé. Il est évident, en effet, que cette chose se trouve dans la succession du donataire par l'effet médiat de la donation. L'esprit de l'article 747 commande d'accorder le retour dans ce cas aussi bien que dans celui où il s'agit de la créance du prix. Du reste, cette solution est confirmée par un précédent historique : le droit coutumier faisait succéder l'héritier des propres paternels à la chose acquise en échange d'un propre paternel; et ce cas présente une analogie parfaite avec celui qui nous occupe, puisqu'il s'agit dans l'un et dans l'autre d'une succession à certains biens déterminés d'après leur origine. Enfin, nous trouvons plusieurs solutions semblables dans le Code, par exemple, l'article 1407 dit que « l'immeuble acquis pendant le mariage à titre d'échange contre l'immeuble appartenant à l'un des époux n'entre point en communauté, et est subrogé au lieu et place de celui qui a été aliéné, sauf la récompense s'il y a soulte, » ou encore l'article 1559 : « L'immeuble dotal peut être échangé..... dans ce cas l'immeuble reçu en échange sera dotal. »

On peut assimiler au cas d'un échange l'hypothèse prévue par l'article 563 : « Si un fleuve, ou une rivière navigable, flottable ou non, se forme un nouveau cours en abandonnant son ancien lit, les propriétaires des fonds nouvellement occupés prennent, à titre d'indemnité, l'ancien lit abandonné, chacun dans la proportion du terrain qui lui a été enlevé. » Le lit abandonné, attribué par la loi elle-même aux propriétaires des terrains envahis, se trouve par conséquent en quelque sorte subrogé à ces terrains, il vient prendre leur place pour que les personnes, qui ont des droits sur eux, n'aient point trop à souffrir d'un accident inévitable ; or, cette subrogation ne serait pas complète, et le but du législateur ne serait pas entièrement rempli, si, dans le cas où, parmi les terrains envahis, il y aurait des biens donnés par un ascendant à son descendant, on ne transportait pas sur la portion de lit abandonné, attribué, à titre d'indemnité, au donataire, le droit de retour que l'ascendant avait sur les biens envahis. Si le donataire n'a pas fait un échange, mais si, après avoir vendu les biens donnés, il en a employé le prix en acquisitions d'autres biens, en ayant soin de constater d'une manière certaine l'origine des deniers employés à cette acquision, on devra décider, par les mêmes raisons que pour le cas précédent, que le retour doit avoir lieu; je citerai, comme exemple, le cas où l'acheteur du bien donné se serait libéré de l'obligation de payer le prix, en donnant en paiement un autre bien; ou bien encore si le prix a été stipulé en une somme d'argent, et qu'on convienne que l'acheteur servira une rente à la place du prix, cette rente fera retour.

M. Maleville (sur l'article 747) a été bien plus loin, partant de ce principe, admis par lui seul, que le retour ne doit cesser que lorsque la chose donnée « a péri entre les mains du donataire, ou a été dissipée sans emploi utile : *nemo debet locupletari cum domno alterius*, » il a soutenu que l'ascendant donateur était autorisé à faire la reprise du prix des biens aliénés, que le donataire a employés à payer des dettes existant au moment de la donation. Mais cette solution me semble une exagération du droit de l'ascendant; la loi a bien voulu lui donner tout ce qui, dans la succession, provient de la donation, mais dans l'espèce proposée, il n'y reste rien des choses données, et d'un autre côté rien n'est venu en prendre la place. La discussion au conseil d'Etat confirme, du reste, l'opinion que je soutiens (V. Locré, t. X, p. 86 et 87).

Mais c'est une question très-controversée que celle de savoir si l'ascendant qui a donné une somme d'argent peut être admis à en exercer la reprise, par cela seul qu'une pareille somme se retrouve dans la succession du donataire, sans que l'ascendant soit obligé de prouver que l'argent qui se retrouve dans la succession provient de la donation qu'il a faite. Chabot admet l'affirmative, mais en avouant qu'il ne le fait qu'avec une extrême défiance. Il base sa théorie sur la nature de l'argent, chose essentiellement fongible, c'est-à-dire se remplaçant parfaitement par une quantité semblable de numéraire; de telle sorte que lorsqu'il se trouve du numéraire dans la succession, on peut dire que l'argent donné se retrouve en nature. Et partant de ce premier raisonnemeut, il étend sa doctrine au cas où, alors que, des obligations, des billets, des effets publics auraient été donnés et ne se trouveraient plus dans la succession du donataire, il s'y trouverait du numéraire, ou encore au cas où une somme d'argent ayant été donnée, il ne se trouve dans la succession que des obligations, des billets, des effets, alors même que, dans ces billets ou effets, on n'aurait point constaté la provenance des fonds employés à les acquérir. « En effet, dit-il, des obligations, des billets, des effets publics ne sont pas autre chose que la représentation du numéraire que les souscripteurs ont reçu, et sont obligés de rendre; ce sont des titres qui donnent au possesseur l'action de ravoir son argent; le possesseur est donc censé avoir dans son patrimoine l'argent même en nature que représente ces obligations, billets et effets publics. » L'opinion de M. Chabot est aussi celle de MM. Vazeille, sur l'article 747, n° 26; Favard de Langlade, v° *Retour*; Malpel, n° 135; Toullier, t. IV, n° 245; Grenier, n° 598. Elle est également adoptée dans un arrêt rendu par la cour de Rouen, le 11 janvier 1816, et le pourvoi formé en cassation, contre cet arrêt, a été rejeté le 30 juin 1817. Dans l'espèce, il s'agissait d'une donation en numéraire, un père avait donné 50,000 francs à son fils, et au décès de celui-ci on avait retrouvé dans sa succession des billets de commerce, des obligations et contrats présentant une valeur d'au moins 52,420 francs. La cour de Rouen jugea que cette circonstance était suffisante pour faire considérer les choses données comme se trouvant en nature dans la succession, et pour appliquer par conséquent l'article 747 : « Considérant, dit l'arrêt, qu'il est avantageux et même utile pour la morale et l'intérêt public de favoriser de pareils avantages de la part des pères en faveur de leurs enfants. »

Mais quelque avantageuse que puisse être une semblable théorie pour l'intérêt public, je ne crois pas qu'elle doive être suivie, car elle ne rentre ni dans les termes ni dans l'esprit de la loi.—Elle ne rentre pas dans les termes de la loi lorsqu'en effet l'article 747 s'exprime ainsi : — « Les ascendants succèdent.. aux choses par eux données... lorsque les objets donnés se retrouvent *en nature* dans la succession, » le sens grammatical est évidemment celui-ci : pour que le retour ait lieu, il faut que les choses se retrouvent dans la succession dans leur identique individualité. Si on prend d'autre numéraire à la place de celui qui avait été donné, on ne pourrait pas dire que le retour s'exerce sur des choses qui se trouvent *en nature*, mais bien sur des choses qui se retrouvent *par équipollent*. — Cette théorie, ai-je dit encore, n'est pas conforme à l'esprit de la loi : quelle est, en effet, la pensée du législateur? c'est que l'ascendant donateur doit reprendre dans la succession du donataire ce qui provient directement ou indirectement de la donation, en d'autres termes, ce dont il a enrichi le donataire. Mais parce qu'il a donné une somme d'argent et que pareille somme se retrouve dans la succession, s'ensuit-il nécessairement que le donateur ait enrichi la succession de cette somme, ce qui est la condition exigée pour que le retour puisse s'exercer ? Non, car la somme donnée peut avoir été follement dépensée, et la somme qui se trouve dans la succession peut provenir des revenus du donataire, ou d'une hérédité qu'il a recueillie, ou d'une autre donation. Et, dans tous ces cas, à quel titre l'ascendant pourrait-il réclamer cette somme? peut-il exercer son droit de retour sur ce qui a été, par exemple, donné à son descendant par une autre personne. Et ce n'est point aux héritiers ordinaires qu'il appartient de prouver que les valeurs qui se trouvent dans la succession proviennent d'une cause étrangère à la donation, car ils ont une vocation générale indépendante de toute question d'origine des biens; mais c'est à l'ascendant donateur, qui vient exercer un droit exceptionnel, qui vient demander qu'on distraie de la masse des biens ceux qu'il a donnés, d'établir qu'il se trouve bien dans les conditions exigées par l'article 747, que ce qu'il réclame provient bien de la donation. C'est à ceux qui invoquent un droit à le prouver. Que dit-on que les choses données sont des choses fongibles! mais il n'y a pas de choses fongibles par leur nature; une chose n'est fongible que suivant le point de vue sous lequelle on la considère; elle est fongible, lorsqu'au lieu de l'envisager dans son individualité, on l'envisage seulement quant à sa valeur. Je vous prête 100,000 fr., nous n'envisageons pas les pièces prêtées, mais la valeur; l'argent joue ici le rôle de chose fongible. Je vous prête des pièces pour vous servir de jetons ; l'argent ne joue plus le rôle de chose fongible ; vous devrez me rendre les mêmes pièces. Or, dans le cas qui nous occupe, l'argent donné doit-il être considéré ou non comme chose fongible ? Oui, en ce sens que lorsqu'il est établi que l'argent donné est bien dans la succesion, peu importe que ce soient les mêmes pièces qui soient ou non rendues à l'ascendant donateur. Mais quand il s'agit non plus d'acquitter le droit de retour reconnu, mais de savoir s'il existe, comme alors on envisage autre chose que la valeur de l'argent donné, à savoir l'origine de celui qui se trouve dans la succession, il ne peut plus être question de fongibilité. — Les choses ne peuvent plus se remplacer les unes par les autres, puisqu'il s'agit de reconnaître un caractère particulier à celles qu'on veut soumettre au droit de retour. Le retour ne s'exerce que sur les choses données ; toutes les pièces d'argent n'ont pas cette qualité, elles ne peuvent donc pas tenir lieu les unes des autres à ce point de vue. — Du reste, la confirmation de mon opinion se trouve dans l'art. 747 lui-même, lorsqu'il n'accorde à l'ascendant donateur le droit de reprendre le prix de la chose donnée que dans le cas où ce prix n'est pas encore payé. C'est bien évidemment parce que la confusion qui en aurait été faite avec les autres espèces ou valeurs du donataire n'aurait pas permis au donateur de dire, voici l'argent que j'ai donné. Et il ne peut pas le dire davantage dans le cas qui nous occupe. Si le législateur avait voulu qu'une créance pût se remplacer par le numéraire se trouvant dans la succession, alors l'ascendant donateur aurait pu reprendre du numéraire à la place du prix des choses aliénées qui aurait été payé, et la loi n'accorde que la réversion de la créance du prix. C'est ce que fait très-bien remarquer un arrêt de la cour supérieure de Bruxelles du 24 juillet 1828, qui, interprétant l'art. 747 comme je viens de le faire, dit « que cela résulte particulièrement de la disposition même de l'article cité, qui, en cas d'aliénation des objets donnés, n'en confère le prix aux ascendants qu'autant qu'il est encore dû par l'acheteur, et conséquemment point, lorsqu'il a été payé par ce dernier, bien que ce prix pût aussi être censé exister en nature dans la succession de l'époux décédé (il s'agissait de la reprise d'une dot), de même que la dot d'une somme d'argent. »

Lorsque je dis que l'ascendant, qui a donné du numéraire ou des billets ou des effets publics ou de commerce, ne peut pas exercer le droit de retour par cela seul qu'il existe, dans la succession de son descendant donataire, du numéraire ou des valeurs qui en tiennent lieu, je n'entends pas pour cela dénier à jamais un droit de retour. Ce droit il pourra l'exercer toutes les fois qu'il prouvera que l'argent ou les valeurs qui se trouvent dans la succession proviennent, soit directement, soit indirectement, de la donation qu'il a faite. Ainsi, lorsque l'ascendant donateur prouvera qu'un sac d'argent, que l'on trouve dans la succession du donataire, est identiquement celui qu'il a donné, et dont le donataire n'avait pas encore disposé, il pourra le reprendre. Lorsque l'ascendant a donné une créance, et que cette créance n'est pas acquittée et existe encore dans le patrimoine du donataire, il pourra aussi la reprendre. Il pourrait encore exercer son droit de retour sur les biens qu'il prouverait avoir eté acquis par le donataire avec les valeurs données, et la preuve de l'origine des valeurs qui ont servi à cette acquisition, sera quelquefois très-facile, par exemple, lorsqu'on aura cédé en paiement la créance donnée par l'ascendant.

En résumé, la question de savoir si l'argent ou les valeurs, qui se trouvent dans la succession, sont bien l'argent ou les valeurs données, est en définitive une question de fait, que les tribunaux ont à décider d'après les circonstances. La preuve incombe au donateur, et peut être établi par toutes sortes de moyens, même par de simples présomptions (art. 1348, 1353).

Du reste, la cour de cassation, qui avait rejeté le pourvoi formé contre l'arrêt de la cour de Rouen dont j'ai parlé, et qui avait décidé que le retour de l'argent donné pouvait s'exercer par cela seul qu'il y avait dans la succession des valeurs pour une somme supérieure, a rejeté, le 7 février 1827, un autre pourvoi, formé contre un arrêt de la cour de Poitiers, du 10 janvier 1822, qui jugeait au contraire qu'on devait s'en tenir à la lettre de la loi, et qu'il ne devait pas y avoir retour même dans un cas où la substitution des biens existant lors du décès du donataire aux biens donnés, était rigoureusement justifiée. Voici l'espèce : une dot de 6,000 francs, et d'un cheptel de même valeur, avait été constitué conjointement par des père et mère à leur fille. Le mari fit de mauvaises affaires, la séparation de biens fut prononcée, et le mari abandonna un domaine, à lui appartenant, pour remplir la femme de cette dot; or, ce fut sur ce domaine qu'on refusa aux père et mère la faculté d'exercer le droit de retour. Je ne saurais admettre cette jurisprudence, qui me semble aussi contraire à l'esprit de la loi, que l'est celle de l'arrêt de la cour de Rouen dans un sens opposé. Le législateur a voulu accorder aux ascendants un droit de succession privilégiée sur les biens qui viendraient d'eux ; dans l'espèce, le domaine sur lequel on voulait exercer le droit de retour provenait évidemment de la donation, du moins d'une manière indirecte, tout aussi bien que l'action en reprise, par exemple, qu'aurait pu avoir le donataire, c'est donc se conformer à l'esprit de la loi que d'accorder le retour dans cette espèce.

Il faut maintenant examiner quelles sont les conséquences des détériorations ou améliorations qu'a subies la choses donnée, depuis l'époque de la donation jusqu'au moment de l'ouverture de la succession. Le donataire recevant la chose en pleine propriété, c'est-à-dire avec le droit d'user et d'abuser, peut l'aliéner, la détruire, la détériorer, laisser acquérir ou concéder sur elle une servitude, et souffrir une usurpation de terrain sans être jamais exposé, ou plutôt sans que jamais ses héritiers soient exposés à une action en indemnité. L'ascendant donateur n'a droit de reprendre que les choses qui se retrouvent en nature dans la succession; si une partie de ces choses a péri, si des tiers en ont acquis une partie par prescription ou autrement, comme il n'y a que le reste qui se retrouve dans la succession, il n'y a que ce reste qui puisse être soumis au droit de retour. Si une servitude a été concédée à des tiers sur un immeuble donné, ou si elle a été prescrite par eux, la valeur de l'immeuble a été diminuée d'autant, il ne se retrouve dans la succession qu'avec une valeur restreinte, il ne fait réversion qu'avec cette valeur restreinte. Si le donataire a grevé l'immeuble donné d'une hypothèque, le donateur n'a pas le droit de contraindre les héritiers ordinaires à obtenir la libération de cet immeuble, il ne peut le reprendre dans un état plus avantageux que celui où il se trouve. Mais si, par l'effet de l'hypothèque, il paie au-delà de ce qu'il doit personnellement supporter dans la dette, il a un recours contre les héritiers ordinaires; un immeuble hypothéqué, en effet, joue en quelque sorte le rôle d'une caution; s'il est obligé de payer, il a recours contre le débiteur principal. L'obligation à laquelle il est soumis ne peut en aucune façon être considérée comme une aliénation; l'immeuble quoique hypothéqué ne s'en trouve pas moins dans la succession et n'en est pas moins soumis au retour; la charge de payer, qui pèse sur lui, n'est qu'une garantie de la dette, et le garant a toujours un recours contre le débiteur principal.

De ce que l'ascendant donateur n'a droit à aucune indemnité pour les détériorations que le donateur a fait subir à la chose donnée, il ne faudrait pas conclure que, par une sorte de compensation, le donataire de son côté soit privé de toute indemnité pour la plus value provenant des dépenses qu'il a faites pour l'amélioration de ces biens. Leur position en effet est toute différente, l'ascendant n'a pas droit à une indemnité, car il ne peut reprendre que la chose donnée qui se retrouve en nature dans la succession ; si elle a été détériorée, elle ne se trouve plus dans la succession qu'amoindrie par ces détériorations, et c'est dans cet état qu'il est par conséquent obligé de la reprendre; mais, au contraire, lorsqu'il y a amélioration, comme il n'a le droit de reprendre que ce qu'il a donné, la plus value ne venant pas de lui, ne peut lui faire retour, il doit donc en tenir compte (application par analogie de l'article 861). Il devrait également tenir compte aux héritiers ordinaires des impenses nécessaires qu'aurait faites le donataire pour la conservation de la chose, encore qu'elles n'aient point amélioré le fonds; car il les aurait faites s'il fût resté propriétaire, et qu'ainsi il s'enrichirait aux dépens des héritiers ordinaires s'il ne les indemnisait (art 862). Quant aux dépenses usufructuaires et d'entretien, il n'en doit pas être tenu compte; car elles sont charges de la jouissance. Si le donataire a fait des dépenses de pur agrément, qui n'aient donné aucune valeur à la chose donnée, il ne sera dû aucune indemnité; car l'ascendant n'aura pas pris plus qu'il n'a donné; mais il faut reconnaître aux héritiers du donataire le droit de retirer ce qui peut s'enlever sans détérioration, *sine rei detrimento*, en les chargeant de rétablir les choses dans leur état primitif, c'est-à-dire dans l'état où elles se trouvaient au moment de la donation.

Lorsque les augmentations ou améliorations de la chose donnée au lieu de provenir de dépenses faites par le donataire ne sont dues qu'au hasard, lorsque ce sont des améliorations naturelles, l'ascendant donateur y a droit sans être tenu de payer aucune indemnité. Ainsi il profitera de ce qui se sera incorporé à la chose donnée, par suite d'une accession naturelle, conformément au principe *accessio cedat principali*. On peut citer, comme exemple, le cas de l'article 556 : « Les atterrissements et accroissements qui se forment successivement et imperceptiblement aux fonds riverains d'un fleuve ou d'une rivière s'appellent *alluvion*. L'alluvion profite au propriétaire riverain, soit qu'il s'agisse d'un fleuve ou d'une rivière navigable, flottable ou non. » Il faut ajouter avec l'article suivant : « Il en est de même des relais que forme l'eau courante qui se retire insensiblement de l'une de ses rives en se portant vers l'autre. Le propriétaire de la rive découverte profite de l'alluvion, sans que le riverain du côté opposé y puisse venir réclamer le terrain qu'il a perdu. » — L'ascendant, qui aurait donné un fonds riverain d'une rivière ni navigable ni flottable, profiterait encore des îles et des attérissements, pour le tout, quant à ceux qui se seraient formés de son côté, et pour partie, à partir de la ligne qu'on suppose tracée au milieu de la rivière, pour ceux qui ne se seraient pas formés d'un seul côté (art. 561).

Si des pigeons, des lapins, des poissons, étaient passés fortuitement dans un colombier, une garenne ou un étang qu'un ascendant aurait donné à son descendant, ces pigeons, ces lapins, ces poissons, devenus par accession partie intégrante de la chose donnée, se trouveraient soumis au droit de retour; et il n'y aurait pas lieu à indemniser les héritiers ordinaires, car l'ascendant ne s'enrichirait pas à leurs dépens, il ne ferait que reprendre la chose donnée, naturellement modifiée.

J'ai dit que l'ascendant donateur doit reprendre l'immeuble donné dans l'état où il se trouve dans la succession, il a donc droit par conséquent aux récoltes pendantes par branches ou par racines; mais il doit tenir compte aux héritiers ordinaires des frais de culture et de semence; car autrement il profiterait d'un accroissement qui serait dû à des dépenses du donataire. Si la chose sujette au droit de retour est une rente ou une créance, il a droit aux arrérages et intérêts du jour du décès, car de ce jour-là il a été saisi. La même règle doit s'appliquer au prix des baux à ferme, comme aux loyers des maisons et autres fruits civils, lesquels s'acquièrent jour par jour (art. 586).

APPENDICE.

A côté du droit de retour proprement dit, établi par l'article 747 au profit de l'ascendant donateur, doivent se placer naturellement deux autres successions anomales, qui, se réglant comme lui d'après l'origine des biens, ont reçu la même qualification de droit de retour légal. Je veux parler des droits de succession établis par les articles 351 et 352 C. N. au profit de l'adoptant ou de ses descendants, et de celui que l'article 766, même code, accorde à certains frères naturels.

I.

Du retour légal établi en faveur de l'adoptant ou de ses descendants.

ART. 351, 352 C. N.

L'adoption n'établit entre l'adoptant et l'adopté qu'un lien de parenté imparfait ; et si l'adopté jouit des mêmes prérogatives que l'enfant légitime, la réciproque n'est point vraie, l'adoptant n'a presque aucun des priviléges de la paternité légitime. Ceci se manifeste particulièrement quant aux droits de succession. Ainsi l'article 350 accorde à l'adopté « sur la succession de l'adoptant les mêmes droits que ceux qu'y aurait l'enfant né en mariage, même quand il y aurait d'autres enfants de cette même qualité nés depuis l'adoption » ; mais l'adoptant n'est point appelé à la succession de l'adopté ; c'est un des cas très-rares où le droit de successibilité *ab intestat* n'est point réciproque. Cette rigueur de la loi est corrigée par l'établissement d'un droit de retour au profit de l'adoptant ou de ses descendants sur les choses données par lui ou recueillies dans sa succession, qui se retrouvent en nature dans celle de l'adopté. « Si l'adopté meurt sans descendants légitimes, les choses données par l'adoptant, ou recueillis dans sa succession et qui existeront en nature lors du décès de l'adopté, retourneront à l'adoptant ou à ses descendants, à la charge de contribuer aux dettes et sans préjudice des droits des tiers. Le surplus des biens de l'adopté appartiendra à ses propres parents ; et ceux-ci excluront toujours pour les objets même spécifiés au présent article tous héritiers de l'adoptant autres que ses descendants. Il faut ajouter qu'alors même que l'adopté ne laisserait pas de parents légitimes, le père adoptif et ses descendants ne pourraient rien prendre néanmoins au-dela de ce qui provient des libéralités ou de la succession de l'adoptant, et que les autres parents adoptifs ne pourraient jamais prétendre même à ces biens-là ; ils seraient les uns et les autres exclus par le conjoint survivant et l'État, car nul ne peut réclamer des droits de succession *ab intestat* qui ne sont pas écrits dans la loi, et nulle disposition du Code n'attribue aux parents adoptifs sur la succession de l'adopté d'autres droits que ceux qui sont établis par l'article 351.

Le droit de retour établi au profit de l'adoptant peut du reste s'exercer non-seulement dans la succession de son fils adoptif, mais encore dans celle des descendants de celui-ci; c'est ce que dit l'article 352 : « Si, du vivant de l'adoptant, et après le décès de l'adopté, les enfants ou descendants laissés par celui-ci mourraient eux-mêmes sans postérité, l'adoptant succédera aux choses par lui données, comme il est dit en l'article précédent ; mais ce droit sera inhérent à la personne de l'adoptant, et non transmissible à ses héritiers, même en ligne descendante. » Il faut remarquer que le droit de retour établi par cet article ne s'ouvrirait pas dans la succession de chacun des enfants de l'adopté, qu'il faut attendre que tous les enfants et descendants soient décédés. Cela résulte de la lettre autant que de l'esprit de l'article 352; de la lettre, car il dit « si *les* enfants ou descendants mourraient eux-mêmes sans postérité...» ; de l'esprit de la loi, car si la présence d'un descendant de l'adopté suffit pour empêcher le droit de retour dans la succession de l'adopté lui-même, comment ne l'empêcherait-elle pas dans la succession des enfants de l'adopté, alors que ce droit devient moins favorable.

J'aurai peu de choses à dire sur le droit de retour des articles 351 et 352; car sa nature est la même que celle du droit de retour établi au profit de l'ascendant donateur; c'est encore une succession dévolue d'après l'origine des biens; les mêmes principes doivent être suivis. Ainsi on appliquera, comme pour le cas de l'article 747, les règles des articles 718, 725, 727, 791, 1130, 1600, 724 et 875, relatives à l'ouverture des successions, l'incapacité, l'indignité, les renonciations anticipées, la contribution aux dettes (L'article 351 fait même mention expresse de la charge de contribuer aux dettes). Je remarquerai aussi que le retour légal des articles 351 et 352 donne lieu au droit de mutation par décès, ainsi que l'a jugé un arrêt de la cour de cassation du 28 décembre 1829.

L'article 351 (mais non l'article 352) accorde le retour non-seulement à l'adoptant, mais encore à *ses descendants*; que doit-on entendre ici par *ses descendants*? sont-ce seulement les descendants légitimes, ou encore les enfants naturels et les enfants adoptifs? La loi ne distingue pas, l'expression *descendants* dont elle se sert est une expression générale, et *ubi lex non distinguit, nec nos distinguere debemus*. Le motif sur lequel est fondé le droit de retour de l'article 351, se rencontre du reste pour les uns comme pour les autres. Il a paru équitable de rendre aux héritiers en ligne descendante de l'adoptant, les biens dont l'enfant adoptif les avait privés. Or, il n'y a pas que les enfants légitimes qui aient subi ce préjudice que le législateur veut réparer. Les enfants adoptifs et les enfants naturels l'ont aussi supporté ; la réparation doit donc aussi leur être accordée. Cependant dans la note 16 du § 608 de Zachariæ, MM. Aubry et Rau soutiennent l'opinion contraire, en donnant pour raison que les articles 350 et 756 C. N., en refusant aux enfants adoptifs et aux enfants naturels tout droit de succession sur les hérédités délaissées par les parents, soit de l'adoptant, soit des père et mère naturels, s'appliquent dans leur généralité tant à la succession ordinaire qu'à la succession anomale. Mais je réponds que le législateur, dans les articles 350 et 756 en refusant aux enfants adoptifs et aux enfants naturels tout droit de succession sur les hérédités délaissées par les parents, soit de l'adoptant, soit des père et mère naturels, ne peut avoir eu en vue que les successions ordinaires, qui sont déférées d'après les biens de parenté ; que ces articles ne sont en effet, comme l'ont remarqué tous les auteurs, qu'une application du principe, que l'adoption ou la reconnaissance d'un enfant naturel ne créent pas de lien de parenté entre l'enfant adopté ou l'enfant reconnu et les parents de l'adoptant ou des père et mère naturels. Mais dans le cas de l'article 351, qu'importe que l'adopté ou l'enfant naturel reconnu soit resté étranger au *de cujus*, les descendants légitimes de son père adoptif lui sont bien étrangers, eux aussi, et cependant ils jouissent du droit de retour de l'article 351. Ce droit est donc accordé indépendamment de tout lien de parenté, entre celui qui l'invoque et le *de cujus*, il n'est fondé que sur un motif d'équité ; c'est la réparation d'un préjudice causé par la présence de l'enfant adoptif, préjudice qui doit être réparé à l'égard de tous ceux qui l'on souffert, c'est-à-dire des enfants naturels ou adoptifs, comme des descendants légitimes. Cependant le contraire a été décidé par un arrêt de la cour de cassation, du 14 février 1855, relativement à un enfant adoptif.

Il faut remarquer que les descendants de l'adoptant sont appelés à exercer le retour légal à son défaut en vertu d'un droit qui leur est personnel, *jure proprio*. Aussi ils pourront s'en prévaloir sans qu'on puisse exiger d'eux qu'ils soient revêtus de la qualité d'héritiers ou de représentants de l'adoptant, ils le pourraient donc après avoir renoncé à sa succession. Ils tiennent leur titre de la loi et non de l'adoptant.

L'exercice du retour légal de l'article 351 est du reste subordonné à la condition du décès de l'adopté sans descendants *légitimes;* et il faut prendre ce mot dans son sens le plus général, c'est-à-dire comme comprenant, non-seulement les enfants légitimes proprement dits, mais encore les enfants légitimés et les enfants adoptifs. Car ils ont tous les mêmes droits sur la succession de leur père.

Le droit de retour légal établi par les articles 351 et 352 peut porter non-seulement sur des choses acquises à l'adopté par suite de donations à lui faites par l'adoptant, mais encore sur tout ce que l'adopté a recueilli dans la succession de l'adoptant, en un mot, sur tout ce qu'il a acquis à titre gratuit de l'adoptant. Mais il faut que toutes ces choses se retrouvent en nature dans la succession. Il faut donc ici, comme pour le cas de l'article 747, respecter les dispositions partielles ou totales que l'adopté aurait faites, soit à titre onéreux, soit à titre gratuit, soit entre-vifs, soit par testament. De même encore il faut reconnaître que l'adoptant ni ses descendants n'ont aucun droit de réserve sur ces biens.

L'article 351, en donnant à l'adoptant et à ses descendants le droit de reprendre les choses, qui proviennent gratuitement de l'adoptant, et qui se retrouvent *en nature* dans la succession de l'adopté, n'ajoute pas comme l'article 747 le fait pour le droit de retour au profit des ascendants, que si les objets ont été aliénés, l'adoptant ou ses descendants recueilleront le prix, qui peut en être dû, ou l'action en reprise que pouvait avoir l'adopté. Cependant je crois que dans les deux cas la règle doit être la même ; il n'est pas possible en effet que le législateur qui considère que la créance du prix ou l'action en reprise tiennent lieu de la chose elle-même, dans le cas de l'article 747, et aussi, comme nous le verrons, dans le troisième cas de retour légal, celui de l'article 766, n'ait pas pensé que cette subrogation dût s'opérer également dans le cas de l'article 351. Du reste, il est de principe que la créance du prix ou l'action en reprise doivent être considérées comme en tenant lieu, comme les remplaçant si parfaitement que la chose elle-même soit considérée comme se trouvant dans la succession. *In judicio universalibus pretium succedit loco rei et res loco pretii* ; — *qui actionem habet ad rem recuperandam; rem ipsam habere videtur* (l. 15, D. *de regulis juris*). — Par conséquent il faut reconnaître que l'article 351 en appelant l'adoptant et ses descendants à succéder aux choses, qui se retrouvent dans la succession, comprenaient implicitement dans le droit de retour la créance du prix et l'action en reprise. — Cette solution est confirmée par le résultat bizarre auquel conduit le système contraire : si on ne comprenait pas l'action en reprise dans le droit de retour, il faudrait l'accorder aux héritiers ordinaires et admettre qu'ils pussent par conséquent faire rentrer la chose donnée dans le patrimoine de l'adopté, en faisant considérer l'aliénation comme non avenue ; alors on arriverait à cette conséquence qu'une chose, qui se retrouverait en nature dans la succession de l'adopté, ne serait pas soumise au droit de retour. Cela est si vrai que M. Duranton a reculé devant cette conséquence du système que je combats, et a admis le retour pour l'action en reprise, tout en ne l'admettant pas pour la créance du prix ; mais c'est là une distinction inadmissible. Reconnaître que l'action en reprise doit faire retour, c'est avouer que l'article 351 ne peut pas être pris à la lettre, qu'on peut considérer la chose comme pouvant être remplacée : or, pourquoi ne le serait-elle pas aussi bien par la créance du prix que par l'action en reprise, puisque nous voyons, par les articles 747 et 766, que le législateur met ces deux choses sur le même rang? — Dira-t-on que le retour établi par les articles 351 et 352 est moins favorable que celui de l'article 747? — Mais le contraire ressort évidemment de cette circonstance que le retour, au lieu de n'avoir lieu qu'au profit du donateur et dans la succession du donataire seulement, comme dans le cas de l'article 747, a encore lieu, d'après les articles 351 et 352, au profit des descendants de celui de qui proviennent les biens, et dans la succession même des descendants de celui qui les a reçus. Il faut donc, en résumé, compléter ces articles par l'autre.

II.

Du retour légal au profit de certains frères naturels.

ART. 766 C. N.

Un bâtard ne saurait avoir d'autres parents que ses propres descendants et ses père et mère; car l'acte de reconnaissance fait par ces derniers est étranger à leur famille, il ne peut lui nuire ni lui profiter, *res inter alios acta neque nocere, neque prodesse potest.* Aussi l'article 756 dit-il que la loi n'accorde aux enfants naturels reconnus « aucun droit sur les biens des parents de leur père ou mère.» — Par réciprocité, elle ne devait accorder à ces parents aucun droit sur les biens des enfants naturels ; cependant elle n'a pas poussé la logique jusqu'à cette dernière conséquence ; lorsque l'enfant naturel reconnu ne laisse ni descendants ni père ni mère, sa succession, au lieu de passer à son conjoint ou à l'État, est attribuée aux frères naturels; on la divise alors en deux parts : l'une, composée des biens qui viennent des père et mère, retourne aux enfants légitimes de ceux-ci; l'autre, composée de tous les autres biens, est attribuée, comme succession ordinaire, aux autres enfants naturels. C'est la première de ces deux successions qui constitue le troisième cas de retour légal, que je me propose d'étudier ici. — Les personnes au profit desquelles il est établi sont, à raison de leur qualité d'enfants légitimes, et par opposition aux enfants naturels du même père ou de la même mère, appelés, par rapport au *de cujus*, frères *légitimes*, tandis que les autres conservent la qualification de frères *naturels*. Ces expressions sont consacrées par l'usage et par l'article 766 lui-même : « En cas de prédécès des père et mère de l'enfant naturel, les biens qu'il en avait reçus passent aux frères ou sœurs *légitimes*, s'ils se retrouvent en nature dans la succession : les actions en reprise, s'il en existe, ou le prix de ces biens aliénés retournent également aux frères et sœurs légitimes. Tous les autres biens passent aux frères et sœurs *naturels* ou à leurs descendants. »

Le caractère du droit établi par cet article est le même que celui que nous avons déjà reconnu aux retours, dont il est traité dans les articles 351 et 352 et dans l'article 747. Il s'agit toujours d'une succession anomale, se réglant d'après l'origine des biens. Il est vrai que l'article 766 ne se sert pas du mot *succéder* qu'on trouve dans les articles 747 et 352; il dit que les biens *passent* aux frères légitimes. Mais cette remarque n'a rien de concluant; car l'article 351 ne se sert pas non plus du mot *succéder*, et personne ne dénie au droit de retour qu'il établit le caractère de droit *successoral*. Du reste, la position de l'article 566, au titre des successions, est une preuve suffisante de ce caractère.

De ce caractère de droit *successoral*, il faut tirer les conséquences déjà indiquées sous l'article 747, notamment l'obligation de contribuer au paiement des dettes et charges de la succession; car de ce que les frères et sœurs, dont il s'agit dans l'article 766, n'ont pas le titre d'héritiers proprement dits, et ne sont que de simples successeurs, il ne résulte pas que l'article 870 leur soit inapplicable. Le mot « héritiers, » en effet, dans cet article, comprend aussi bien les successeurs que les héritiers proprement dits, il a un sens général.

Mais il faut remarquer que les personnes qui jouissent du droit de retour de l'article 766, n'étant pas héritières, à proprement parler, ne jouissent pas du bénéfice de la saisine.

Le droit de retour établi par l'article 766, au profit des frères et sœurs légitimes, l'est-il aussi au profit de leurs descendants? La loi garde le silence à leur égard. Cependant, la plupart des auteurs (1), tout en reconnaissant que ce serait étendre la disposition exceptionnelle, dont il s'agit ici, en appelant les descendants des frères et sœurs légitimes à exercer de leur chef le droit de retour, admettent néanmoins qu'ils puissent en jouir par représentation, vu que le bénéfice de la représentation aurait pour effet de les faire monter d'un ou plusieurs degrés, partant de les mettre, aux yeux de la loi, au rang des frères et sœurs. Mais cette distinction ne me semble pas fondée : ces descendants des frères et sœurs légitimes ne peuvent pas plus venir par représentation que de leur chef. Ils ne peuvent pas venir de leur chef, car on ne peut réclamer un droit de succession, que quand on est appelé par la loi, et l'article 766 ne parle que des frères et sœurs légitimes. Ils ne peuvent pas venir par représentation, parce que la représentation, qui pourrait avoir

(1) Chabot, Toullier, Delvincourt, Duranton, Vazeille, Poujol Marcadé.

pour effet d'effacer les effets de l'inégalité des degrés de parenté, n'est dans notre législation qu'un privilége établi exclusivement en faveur de certaines lignes de parents, la ligne des descendants et la ligne des collatéraux descendants des frères et sœurs; hors de ces deux ordres d'héritiers elle n'est plus applicable, et dans l'article 766 il n'est question ni de la ligne des descendants du *de cujus*, ni de celle des descendants de ses frères et sœurs, puisque les personnes auxquelles cet article donne la qualification de frères et sœurs légitimes ne sont même pas parentes du *de cujus*. — Du reste, on comprend facilement la différence que la loi a établie entre ces prétendus frères légitimes et leurs descendants. Ces descendants n'ont pas eu, comme leur auteur, à souffrir de la présence du bâtard sous le toit paternel; ils ont dû, au contraire, lui rester étrangers, vivant dans une autre famille. Ils n'ont pas eu à subir la souffrance morale, à laquelle la loi cherche à apporter un dédommagement.

Le droit de retour de l'art. 766 s'ouvre « en cas de prédécès des père *et* mère de l'enfant naturel, » c'est-à-dire qu'il ne suffirait pas que l'un des père et mère fût décédé pour que ses enfants légitimes fussent appelés à reprendre ce que son enfant naturel aurait reçu de lui. Ainsi on peut, d'après les articles 765 et 766, dire que la succession de l'enfant naturel est dévolue de la façon suivante : 1° à ses descendants; 2° à défaut de postérité au père ou à la mère qui l'a reconnu, ou par moitié à tous les deux, s'il a été reconnu par l'un et par l'autre; 3° enfin, en cas de prédécès des père *et* mère de l'enfant naturel, les biens qu'il en avait reçus passent aux frères et sœurs légitimes, s'ils se retrouvent en nature dans la succession, et les autres aux frères et sœurs naturels. En d'autres termes la loi, après avoir appelé à la succession de l'enfant naturel les seuls parents qu'il puisse avoir, ses descendants et ses père et mère, accorde encore, par bénéfice extraordinaire, certains droits aux enfants légitimes ou naturels des mêmes père et mère. Telle est la théorie qui ressort des deux articles cités 765 et 766. Mais quelque clairs que soient ces textes, on n'a pas craint de les violer pour arriver à un système que l'on trouvait plus moral; et la doctrine, en général, a déclaré que les enfants légitimes de l'un des père et mère décédé devaient être préférés, quant aux choses venant de lui, à l'autre auteur survivant. On a prétendu que cela résultait de l'esprit de la loi, qui voulait assurer aux enfants légitimes le retour de ce qu'avait reçu l'enfant naturel, pour que son passage sur la terre ne leur nuisît pas au moins après sa mort, que l'on ne pouvait permettre à une personne de s'enrichir, en prenant dans la succession de son enfant naturel des biens provenant de son concubin, ce qui serait en quelque sorte accorder une prime au vice. — Je n'ai point à discuter le mérite intrinsèque de ces raisons, car elles ne peuvent en tous cas être que des arguments de législation, et non des arguments de jurisprudence. Quand la loi est claire, on n'a pas à se demander si elle serait plus équitable ou plus morale avec certaines modifications, on doit l'appliquer telle qu'elle est. Or, la loi subordonne l'exercice du retour légal au prédécès des père et mère, il n'est pas permis de le déclarer ouvert au prédécès de l'un d'eux seulement. C'est ce que trois arrêts de cours d'appel, rendus en cette matière, ont décidé unanimement (Dijon, 1er août 1818; Riom, 4 août 1820; Paris, 27 novembre 1845). Du reste, il n'y a rien que de très-raisonnable à préférer le dernier parent du bâtard à un étranger. Ajouterai-je un dernier argument à l'appui de ce système. Personne ne conteste que les frères et sœurs naturels ne peuvent être appelés à succéder, tant qu'il existe un des père et mère. Or, il suffit de lire l'article 766 pour voir que la loi ne sépare pas la vocation des enfants légitimes de celle des enfants naturels. Dire que les biens que le bâtard avait reçu de ses père et mère passent aux frères et sœurs légitimes, et que *tous les autres biens* passent aux frères et sœurs naturels ou à leurs descendants, » n'est-ce pas montrer que ces différents biens composent deux successions, qui ne sont que le complément l'une de l'autre; n'est-ce pas supposer par suite que leur ouverture est subordonnée à la même condition, le prédécès du père *et* de la mère?

Ainsi il faudra donc, pour que le droit de retour soit ouvert au profit des frères et sœurs légitimes que le père et la mère soient tous deux décédés. Alors si l'un et l'autre laissent des enfants légitimes, on divisera la succession en trois portions, ou plutôt en trois successions : l'une, composée des biens provenant du père, retournera aux enfants légitimes du père ; la seconde, composée des biens provenant de la mère, retournera aux enfants légitimes de la mère ; la troisième, composée des autres biens, sera attribuée aux frères et sœurs naturels ou à leurs descendants. Dans le cas où le bâtard ne laisse point de frères et sœurs naturels ni de descendants d'eux, la part des frères et sœurs légitimes n'est point accrue pour cela, puisque leur droit est un droit exceptionnel, et que l'article 766 ne le leur accorde que sur les biens provenant de leurs auteurs. La succession ordinaire se composant des autres biens, qui auraient passé aux frères naturels, s'il y en avait eu, passe au conjoint, ou, à son défaut, à l'État. C'est du reste ce que décide un arrêt de la cour de Grenoble, rendu le 13 janvier 1840. S'il n'y avait d'enfants légitimes que d'un seul des auteurs du bâtard, il n'y aurait néanmoins que les biens provenant de cet auteur qui lui feraient retour ; ceux provenant de l'autre se trouveraient compris dans la succession ordinaire, et seraient attribués aux frères et sœurs naturels, ou, à leur défaut, au conjoint ou à l'État. Il est évident en effet que les enfants légitimes de l'un des ascendants, ne peuvent réclamer le droit de retour sur les biens provenant de l'autre ascendant, auquel il sont complètement étrangers. Cela ressort de l'esprit de la loi, qui a voulu rendre aux enfants légitimes ce que leur avait enlevé la présence de l'enfant naturel, et on ne saurait par conséquent étendre ce droit exceptionnel à des biens auxquels ils n'auraient jamais eu droit.

Il pourrait se faire qu'il y eût des enfants légitimes nés du mariage du père et de la mère naturels du *de cujus*, et des enfants légitimes d'un autre lit ; la liquidation de la succession se fera toujours d'après les mêmes règles. On distinguera les biens provenant de chacun des père et mère, puis dans chacune de ces deux successions les frères germains viendront concourir par portions égales avec les frères consanguins ou utérins. Exemple : Primus et Secunda ont eu un enfant naturel Tertius, puis se sont mariés sans l'avoir reconnu et ont eu un enfant légitime Quartus. Pendant le mariage, ils reconnaissent Tertius ; Secunda meurt, et Primus se remarie et a un enfant de ce second lit, Quintus. Primus meurt, et Tertius après lui. Comment sera partagée la succession de ce dernier ? — On cherchera : 1° quels sont les biens provenant de Secunda, et on les attribuera en totalité à Quartus, son seul fils légitime ; 2° quels sont les biens provenant de Primus, et on les partagera par moitié entre Quartus et Quintus, ses deux fils légitimes. Le reste des biens sera attribué aux frères naturels, s'il y en a, ou au conjoint ou à l'État.

L'article 766 accorde aux frères et sœurs légitimes le droit de retour : 1° sur les biens qui se retrouvent en nature dans la succession ; 2° sur les actions en reprise qui pourraient exister ; 3° sur le prix encore dû des biens aliénés, c'est-à-dire précisément sur les trois choses qui sont soumises au retour légal de l'article 747. Il suffit donc de recourir, à cet égard, aux explications que j'ai données sur cet article. Seulement, l'article 766 parle des choses *reçues* des père et mère, au lieu de dire les choses *données ;* cette différence d'expression n'est pas insignifiante, elle nous montre qu'il s'agit, dans l'article 766, non-seulement des choses qui auraient été l'objet d'une donation entre-vifs faite au profit de l'enfant naturel par ses père et mère, mais encore de tout ce qu'il a reçu d'eux, même par testament ou par succession *ab intestat*. L'expression *reçues*, en effet, est générale, elle a été employée pour étendre le droit de retour à tout ce qu'il comporte dans l'article 351, lequel a été établi dans le même esprit que l'article 766, pour conserver aux enfants légitimes ce dont les avait privés l'enfant adoptif, comme dans l'article 766, on veut leur rendre ce dont les avait privés l'enfant naturel. Si l'esprit de la loi ne suffisait pas pour établir la vérité de cette proposition, je pourrais encore invoquer la discussion au conseil d'État, qui ne peut laisser aucun doute à cet égard : dans le projet, en effet, on avait, en cas de prédécès des père et mère de l'enfant naturel, attribué la masse entière de ses biens à tous ses frères et sœurs naturels, sans distinguer entre ceux qui seraient enfants légitimes et ceux qui seraient enfants naturels. Mais plusieurs conseillers s'étant élevés contre cette disposition, qui dépouillait le fisc au profit de personnes qui, en définitive, sont, aux yeux de la loi, étrangères au *de cujus*, on finit par écarter les enfants légitimes, mais en leur conservant ce qui proviendrait de l'ascendant commun. « On ne leur donnerait pas, disait le consul Cambacérès, la totalité de la succession. A la vérité, le fisc n'est pas favorable, mais comme il a charge des enfants naturels, il est bon aussi qu'il leur succède quelquefois, et quand la partie de la succession qui *provenait* du père est rendue aux enfants légitimes, la préférence du fisc n'a plus rien d'odieux. — Le conseil adopte la proposition du consul. » Fenet, XII, p. 54.

Je remarquerai, en terminant, qu'il ne s'agit, dans l'article 766, que des enfants naturels simples, et non d'enfants adultérins ou incestueux. Le rapprochement de cet article et du précédent fait voir, en effet, qu'il s'agit dans les deux du même bâtard. Or, l'article 765 suppose que l'enfant naturel, à la succession duquel il appelle le père ou la mère, est un enfant que ces père et mère pouvaient reconnaître, « s'il a été reconnu par l'un et par l'autre, » dit-il. Et les enfants adultérins ou incestueux ne peuvent être reconnus ni volontairement ni judiciairement (articles 335 et 342). Ce qui prouve encore que l'article 765, et par suite l'article 766, ne parle pas des enfants adultérins ou incestueux, c'est que ces enfants, qui pourtant sont innocents du crime qui entache leur naissance, sont exclus de la succession de leurs père et mère par l'article 762, et que, dès lors, on ne comprendrait pas qu'on pût appeler à la leur leurs père et mère qui, eux, sont coupables. Le législateur n'a pas voulu qu'une parenté, qui a son origine dans le crime, pût être une source de droits.

QUESTIONS.

DROIT ROMAIN.

L'exception de dol employée pour faire valoir la compensation dans une action de droit strict a-t-elle pour effet d'amener l'absolution, ou seulement de diminuer la condamnation? — Elle a pour effet d'amener l'absolution.

Le possesseur de bonne foi profite-t-il des fruits naturels? — Oui.

CODE NAPOLÉON.

Le meurtrier qui n'a été condamné qu'à une peine correctionnelle, parce que le meurtre a été jugé excusable, peut-il être déclaré indigne? — Oui.

L'indignité résulte-t-elle de plein droit de l'arrêt qui condamne l'héritier comme meurtrier du *de cujus*? — Non.

La loi du 14 juillet 1819 a-t-elle rendu au Français, devenu étranger par l'effet d'une naturalisation non autorisée, la capacité de succéder en France? — Non.

Pour que les créanciers puissent se faire autoriser en justice à accepter, du chef de leur débiteur, la succession à laquelle celui-ci a renoncé, est-il nécessaire que la renonciation ait été faite en fraude de leur droit? — Oui; mais le simple préjudice fait présumer la fraude.

PROCÉDURE CIVILE.

Le jugement rendu sur une demande qui n'excède pas 1500 francs, mais qui est formée contre une personne qu'on prétend obligée comme héritière pure et simple du débiteur, est-il susceptible d'appel? — Non.

La possession annale est-elle exigée de celui qui veut exercer l'action en réintégrande? — Oui.

DROIT ADMINISTRATIF.

Les rivières ni navigables ni flottables appartiennent-elles à l'État? — Non.

Les chemins classés deviennent-ils prescriptibles par la seule cessation de l'usage public? — Oui.

DROIT COMMERCIAL.

Celui qui fait sa profession habituelle d'acheter des immeubles pour les revendre, est-il commerçant? — Non.

Lorsqu'une affaire de la compétence du tribunal de commerce est portée devant le tribunal civil, l'incompétence peut-elle être couverte par le silence des parties? — Non.

DROIT CRIMINEL.

Le condamné frappé d'interdiction légale, aux termes de l'article 29 du Code pénal, est-il privé de la faculté de tester? — Oui.

L'action civile résultant d'un crime se prescrit-elle par dix ans? — Oui.

Poitiers. — Imprimerie de N. Bernard.

www.ingramcontent.com/pod-product-compliance
Lightning Source LLC
LaVergne TN
LVHW012114170826
845678LV00001BA/153

* 9 7 8 2 3 2 9 7 5 5 0 0 7 *